es 1876

edition suhrkamp

Neue Folge Band 876

W0197903

»Meine Bücher werden oft als politische Erklärungen interpretiert; das sind sie aber nicht. Wenn ich etwas klar sagen will, beispielsweise, daß sich die Regierung zum Teufel scheren soll, dann schreibe ich einen Artikel...« – so unterscheidet Amos Oz selbst zwischen seinem literarischen Werk und seinen politischen Stellungnahmen. Und letztere sind in der Tat klar und eindeutig. Bereits in den sechziger Jahren meldete sich Amos Oz deutlich in den politischen Diskussionen zu Wort. Damals vertrat er Thesen, die genauso unpopulär waren, wie sie sich im nachhinein als scharfsichtig erwiesen haben: daß Israelis und Palästinenser auf ihre fundamentalistischen Positionen verzichten müssen, um in zwei gleichberechtigten Staaten eine Heimat und gewaltfreie Identität zu finden. Folgerichtig gehörte der »Fachmann für vergleichenden Fanatismus« 1977 zu den Mitbegründern der Bewegung »Schalom Aschav« (Frieden jetzt). Seitdem haben seine teilweise scharfen Stellungnahmen sowohl gegen die Palästinenser, aber auch gegen die israelische Politik innerhalb Israels ihn zu einem umstrittenen und zugleich anerkannten Essayisten gemacht. Und dies gilt nicht nur für Israel, wie man an dem Amos Oz 1992 verliehenen Friedenspreis des Deutschen Buchhandels erkennen kann. Der vorliegende Band versammelt die wichtigsten, aufschlußreichsten und politisch relevantesten Essays von Amos Oz von 1967 bis zur Gegenwart. In ihm sind die Grundannahmen und politischen Schlußfolgerungen des brillant formulierenden Essayisten Amos Oz nachzulesen, die sich seit den ersten kriegerischen Auseinandersetzungen des Staates Israel mit den arabischen Nationen bis zum schwierigen Friedensprozeß heute zu einer geschlossenen Rundschau verdichten.

Von Amos Oz, geboren 1939 in Jerusalem, liegen vor: *Black Box* (st 1898), *Im Lande Israel* (st 1066), *Mein Michael* (st 1589), *Der perfekte Frieden* (st 1747), *Bericht zur Lage des Staates Israel* (st 2192). Als gebundene Ausgaben erschienen *Black Box*, *Eine Frau erkennen*, *Der perfekte Frieden*, *Der dritte Zustand*, *Nenn die Nacht nicht Nacht*.

Amos Oz
Die Hügel des Libanon

Politische Essays

Aus dem Englischen
von Christoph Groffy

Suhrkamp

edition suhrkamp 1876
Neue Folge Band 876
Erste Auflage 1995
© 1989, 1994 by Amos Oz
© der deutschen Übersetzung Suhrkamp Verlag Frankfurt am Main 1995
Deutsche Erstausgabe
Alle Rechte vorbehalten,
insbesondere des öffentlichen Vortrags
sowie der Übertragung durch Rundfunk und Fernsehen,
auch einzelner Teile.
Satz: Hümmer GmbH, Waldbüttelbrunn
Druck: Nomos Verlagsgesellschaft, Baden-Baden
Umschlagentwurf: Willy Fleckhaus
Printed in Germany

1 2 3 4 5 6 – ∞ 99 98 97 96 95

Inhalt

Vorwort

Diese Sammlung enthält Essays, Artikel und Reden, die in einem Zeitraum von mehr als 25 Jahren entstanden sind. Eine Reihe von ihnen sind das Ergebnis von Bestürzung, Scham oder Wut, und zum größten Teil sind sie nicht in ruhiger Verfassung geschrieben worden.

Dieses Buch beschäftigt sich hauptsächlich mit dem Konflikt zwischen Israelis und Palästinensern. Als Erzähler kann ich meines Erachtens womöglich leichter als andere mit der Gegebenheit und Gültigkeit zweier einander ausschließender Selbstverständnisse leben, die die Ursachen und Folgen dieser Tragödie ausmachen. Ginge es hier nicht um Tod und Leiden, hätte ich vielleicht sogar gewisse komische Züge an der spiegelbildlichen Beziehung zwischen Fanatikern und selbstgerechten Predigern auf beiden Seiten gefunden. Meiner Meinung nach brauchen Israelis und Palästinenser jedoch nicht die widersprüchlichen Versionen ihrer jeweiligen Vergangenheit miteinander zu versöhnen, um zukünftig in Frieden Seite an Seite zu leben. Es ist nicht nötig festzustellen, wessen Fehler und wessen Blindheit der Grund für die Tragödie war. Wir brauchen einen Ausweg aus diesem Schlamassel.

Israelis und Palästinenser werden vielleicht auf immer über den Verlauf und die Bedeutung ihrer gemeinsamen Vergangenheit streiten. Dennoch könnten sie davon profitieren, ihren gewöhnlich starren Vorstellungen von der Normalität der früheren und gegenwärtigen Position ihres Gegenübers einen Schuß Relativismus hinzuzufügen.

Seit 1967 hat sich eine Reihe von Israelis für eine Zwei-Staaten-Lösung ausgesprochen, die auf eine Teilung des Landes hinausläuft und sich im großen und ganzen nach demographischen Grenzen ausrichtet. Dieser Plan ließ sich viele Jahre lang Israelis und auch Arabern nur schwer plausibel machen. Die Israelis waren zum größten Teil der Meinung, der Krieg, den wir 1967 geführt haben, sei ein gerechter Verteidigungskrieg gewesen und das in diesem Krieg eroberte Land der Vorväter dürfe den Arabern nicht zurückgegeben werden, die sich mit nichts als der Auslöschung des Staates Israel zufriedengeben würden. Die Araber wiederum, einschließlich der Palästinenser, behaupteten bis vor einigen Jahren, die Schaffung, ja die Existenz des Staates Israel als solche sei eine gegen sie gerichtete Aggression und Israel müsse man daher nicht nur aus den 1967 eroberten Gebieten hinauswerfen, sondern Israel solle überhaupt verschwinden.

Auf beiden Seiten war man zum größten Teil nicht in der Lage, einen moralischen Unterschied zwischen dem Recht auf die West-Bank und dem Recht auf Galiläa vorzunehmen.

Die Vorstellung eines territorialen Kompromisses auf der Grundlage beidseitiger Anerkennung konnte sich erst verbreiten, nachdem beide Seiten einige schmerzhafte Schläge der harten Realität hatten hinnehmen müssen: die arabische Niederlage im Jahre 1967, die israelische Beinahe-Niederlage 1973, der bilaterale Frieden-für-Land-Vertrag zwischen Israel und Ägypten 1978, das Fiasko im Libanon von 1983, der palästinensische Intifada-Aufstand seit 1987, der Golf-Krieg 1991, der israelische Regierungswechsel von 1992, die Osloer Vereinbarungen im Jahre 1993 und kürzlich die in Gaza und Jericho stattfindende Realisierung der Anfangsphase des ersten jemals von Israelis und Palästinensern unterzeichneten Abkommens. Jedes einzelne dieser Ereignisse muß man als Schritt auf dem langen Weg zu einem quälenden Erkenntniswandel auf beiden Seiten betrachten; jeder Schritt führte zu der Einsicht, die Existenz oder die Erwartungen des anderen lediglich zu ignorieren werde den anderen nicht dazu bringen fortzugehen.

Zum jetzigen Zeitpunkt, im Juli 1994, während ich dies Vorwort schreibe, genießt fast die Hälfte der Palästinenser, die zwischen Juni 1967 und Mai 1994 unter israelischer Militärverwaltung gelebt haben, also die Einwohner von Gaza und des Bezirks Jericho, eine PLO-Verwaltung. Eine PLO-Polizeimacht und israelische Truppen patrouillieren gemeinsam entlang den neuen Grenzen und sorgen für relative Ruhe auf beiden Seiten. Ein bescheidenes Maß an Koordination, ja selbst Kooperation beginnt sich zwischen den früheren Todfeinden zu entwickeln. Die Palästinenser besitzen bislang nirgends volle Souveränität, und sie haben nicht die Gelegenheit gehabt, ihre eigene Regierung zu wählen. Sollte aber die jetzige Phase der Vereinbarung von beiden Seiten mit Ehrlichkeit und Klugheit realisiert werden, so könnte sich »Gaza und Jericho zuerst« in einigen Jahren zu einem Palästinenserstaat entwickeln, der den größten Teil der von Israel 1967 besetzten Gebiete umfaßt.

Araber, Israelis und ausländische Beobachter haben diesen Konflikt sehr lange mißverstanden und ihn für einen ethnischen Zusammenstoß zweier Gemeinschaften innerhalb einer Gesellschaft gehalten, für einen religiösen Krieg oder für einen Kampf um Entkolonisierung, kurz gesagt: für eine Art von Bürgerkrieg. Jetzt endlich fangen beide Seiten an, den Konflikt als das zu begreifen, was er tatsächlich ist – eine internationale Auseinandersetzung, ein Zusammenstoß zweier Nationen, die jeweils dasselbe Stück Land für sich beanspruchen. Es handelt sich, mit einem Wort, um eine Auseinandersetzung um Land, die allerdings von historischen Traumata und verletzten Gefühlen auf beiden Seiten geprägt ist.

Ein Konflikt um Land läßt sich durch einen Kompromiß lösen, der wahrscheinlich niemanden glücklich macht, aber zumindest jeden so weit bringt, daß das Töten und Getötet-werden aufhört. Ich habe seit 1967 die Meinung vertreten, daß »wenn ein Recht auf ein anderes stößt, ein über dem Recht stehender Wert gelten muß, und dieser Wert ist das Leben selbst«.

Zwischen den Konfliktparteien muß jedoch noch sehr viel ausgehandelt werden: Sicherheit, Grenzen, Jerusalem, Siedlungsgebiete, Wasser, Wirtschaftsbeziehungen und um-fassende regionale Friedensvereinbarungen, um nur die wichtigsten zu nennen. Die Hauptvoraussetzung für diese harten Verhandlungen ist allerdings jetzt von beiden Seiten akzeptiert: Wir sind übereingekommen, daß die israelisch-palästinensische Frage nicht mehr eine »Entweder-oder«-Angelegenheit ist und daß sich beide nationalen Ansprüche nicht mehr von vorneherein ausschließen.

Einige der Essays dieses Buchs befassen sich mit den demoralisierenden Auswirkungen langandauernder Kon-flikte, auch wenn sie um eine gerechte Sache geführt wer-den. Winston Churchill hatte mit seiner Ansicht, der Kampf um England habe seinem Volk »seine größte Stunde« be-schert, vielleicht recht, vielleicht auch nicht. Aber der Kampf um England dauerte vergleichsweise kurz. Ein Kon-flikt, der sich über Jahrzehnte dahinzieht, wird nahezu zwangsläufig zu einem Kreislauf von Schlägen und Gegen-schlägen, von Mißtrauen und Rachsucht, mit demoralisie-renden Folgen für nahezu alle Beteiligten.

Die folgenden Essays haben sich weder aus einer »nach-zionistischen« Schuld noch aus reumütigen Gefühlen ge-genüber dem palästinensischen Volk ergeben. Ich bin nach wie vor der Ansicht, daß Israel die einzige Heimat der Israe-lis ist und daß Israel in Zukunft bereit sein sollte, Juden aufzunehmen, die Israelis werden wollen, und solche, die aufgrund von Antisemitismus zur Auswanderung nach Is-rael gezwungen sind. Gleichzeitig betrachte ich Palästina als legitime und rechtmäßige Heimat der Palästinenser. Da Israelis und Palästinenser, so wie es aussieht, keine gemeinsame Heimat haben können, muß sie unter ihnen aufgeteilt werden.

Und schließlich ist dieses Buch von einem Israeli geschrieben, der für sein Land gekämpft hat und der es liebt, der auch in dunklen Zeiten zu diesem Land gestanden hat, als er es nicht leiden konnte. Ich war nie der Meinung »Ob richtig oder falsch – Ich muß für mein Land eintreten«. Ich habe oft das Gefühl gehabt, daß mein Land nur dann überleben und gedeihen wird, wenn es das Richtige tut.

Arad, Juli 1994

Die Bedeutung der Heimat

Beginnen will ich mit einigen Dingen, die mir als selbstverständlich erscheinen. Ich werde überkommene Vorstellungen von Identität und Identifikation neu fassen, denn es hat in letzter Zeit ein mächtiges Erdbeben gegeben, das Worte und Bedeutungen mit sich gerissen hat: »Judentum«, »Zionismus«, »Heimat«, »nationales Recht«, »Friede« – diese Worte haben eine neue Dimension gewonnen, und man mißt ihnen Bedeutungen bei, an die wir nicht im Traum gedacht hätten. Und wer heute aufsteht und darüber spricht, läuft Gefahr, daß man ihn auf dem Marktplatz steinigt, ihm jüdischen Selbsthaß, Staatsverrat oder Entehrung des Gedächtnisses der Gefallenen vorwirft; denn sogar deren Ruhe ist gestört, so daß man sie als Munition in unseren internen Auseinandersetzungen verwenden kann.

Ich bin Jude und Zionist. Wenn ich meine Identität definiere, beziehe ich mich nicht auf die Religion, da ich außerhalb der Religion stehe. Ich bin es nicht gewohnt, mich auf verbale Kompromisse einzulassen wie »der Geist unserer jüdischen Vergangenheit« oder »die Werte jüdischer Tradition«, denn die Werte und die Tradition entstammen gleichermaßen direkt jenen Glaubenssätzen, an die ich nicht glauben kann; ich bin auch außerstande, die jüdischen Werte und die jüdische Tradition von ihren Quellen zu trennen, und das sind Gebot, Offenbarung und Glaube. Worte wie »Mission«, »Bestimmung« und »Auserwähltsein« machen mich, wenn sie mit dem Adjektiv »jüdisch« versehen sind, mehr als wütend. In meinem Sprachgebrauch ist ein Jude jemand, der sich selbst als Juden betrachtet oder gezwungenermaßen Jude ist. Ein Jude ist jemand, der es akzeptiert, Jude zu sein. Wenn er es öffentlich eingesteht, ist er aus freien Stücken Jude. Wenn er es nur sich selbst gegenüber anerkennt, ist er ein Jude durch den Zwang der Verhältnisse. Lehnt er jegliche Beziehung zum jüdischen Volk ab, dann ist er, zumindest meiner Ansicht nach, kein Jude, obwohl das religiöse Gesetz ihn als solchen definiert. Meiner Meinung nach ist ein Jude jemand, der *sich entscheidet*, das Schicksal anderer Juden zu teilen, oder dazu *verurteilt* ist.

Des weiteren: Jude zu sein bedeutet, sich geistig auf die jüdische Vergangenheit zu beziehen, ob diese Beziehung nun in Stolz oder Zurückweisung oder beiden zusammen, ob sie in kultureller und sprachlicher oder in emotionaler Teilhabe besteht.

Des weiteren: Jude zu sein bedeutet, sich auf die jüdische Gegenwart zu beziehen, sei es durch Handeln oder Nicht-Handeln; es bedeutet Stolz und aktive Teilnahme an den Leistungen der Juden als Juden, und es bedeutet, für das Unrecht, das Juden als Juden verübt haben, Verantwortung zu übernehmen (Verantwortung – nicht Schuld!).

Und schließlich: Jude zu sein bedeutet zu spüren, daß dann, wenn ein Jude verfolgt wird, weil er ein Jude ist – du gemeint bist.

Zionist sein

Wer an die Macht von Wörtern glaubt, muß sie sorgfältig verwenden. Das Wort »Holocaust« gebrauche ich nicht, wenn ich mich auf die Ermordung der europäischen Juden beziehe. »Holocaust« verfälscht das Wesen dessen, was geschehen ist. Ein Holocaust ist ein Naturereignis, ein Ausbruch von Kräften, die sich der Kontrolle der Menschen entziehen. Die Ermordung der europäischen Juden durch die deutschen Nazis war kein Holocaust. Und es war auch keine schreckliche, aber beiläufige Episode. Die Ermordung der europäischen Juden war das letzte, konsequente und fürchterliche Resultat des Status der Juden innerhalb der westlichen Zivilisation; die konsequente und schreckliche Vollendung einer sehr langen Geschichte: der Jude fällt in der westlichen Zivilisation nicht unter die geläufige Definition einer »nationalen Minderheit«, einer »religiösen Minderheit« oder eines »sozio-ökonomischen Problems«. Er ist seit Generationen ein Symbol. Wie der Kirchturm und das Kreuz, wie der Teufel und wie der Messias ist der Jude Teil der Infrastruktur des westlichen Denkens. Selbst wenn sich alle Juden den Völkern Europas assimiliert hätten, wäre der Jude dort immer noch gegenwärtig. Jemand hätte ihn entdecken müssen. Er war, so könnte man sagen, dazu verurteilt, als Archetyp im Keller des westlichen Bewußtseins zu existieren, zu glänzen und abzustoßen, zu leiden und zu betrügen, es war sein Schicksal, ein Genie zu sein, und es war sein Schicksal, ein Scheusal zu sein. Ein Jude in der Diaspora zu sein bedeutet daher diese eine Fürchterlichkeit: Auschwitz gilt dir. Es gilt dir, weil du ein Symbol bist. Das Symbol des zu Recht verfolgten Vampirs bzw. das Symbol des zu Unrecht ewig verfolgten Opfers – aber du bist immer und überall kein Individuum, sondern ein Stück dieses Symbols.

Ich bin Zionist, weil ich als Symbolstück im Bewußtsein anderer weder existieren will noch kann. Nicht als das Symbol des gerissenen, schlauen Vampirs und auch nicht als das Symbol des bemitleidenswerten Opfers, das Wiedergutmachung und Versöhnung verdient. Es gibt für mich daher keinen anderen Ort auf dieser Welt als das Land der Juden. Diese Tatsache befreit mich nicht von meiner Verantwortung als Jude, aber sie rettet mich vor dem Alptraum, Tag und Nacht ein Symbol im Denken fremder Menschen zu sein.

Ich sprach vom Land der Juden. Das Land der Juden hätte nur hier Wirklichkeit werden und bleiben können. Nicht in Uganda, nicht im Ararat-Hochland und nicht in Birobidschan. Weil hier das Land ist, auf das die Juden immer geschaut, nach dem sie sich immer gesehnt haben. Weil es keinen anderen Teil der Welt gibt, wohin die Juden in Massen gekommen wären, um dort ein jüdisches Land aufzubauen. Und an dieser Stelle nehme ich in aller Deutlichkeit eine schwerwiegende, rücksichtslose Unterscheidung vor zwischen den *internen Motiven* für die Rückkehr nach Zion und ihrer *Rechtfertigung gegenüber anderen*. Sehnsucht ist ein Motiv, aber keine Rechtfertigung. Unsere Rechtfertigung hinsichtlich der arabischen Bewohner des Landes kann sich nicht auf unsere uralten Sehnsüchte berufen. Wir besitzen keine andere Rechtfertigung als das Recht eines Ertrinkenden, der nach dem einzig erreichbaren Balken greift. (Eins will ich hier vorwegnehmen: Es besteht ein abgrundtiefer Unterschied zwischen einem Ertrinkenden, der nach einem Balken greift und sich Platz verschafft, indem er die anderen, die dort bereits sitzen, zur Seite schiebt, und einem Ertrinkenden, der die dort bereits Sitzenden ins Meer stößt. Da liegt der Unterschied, ob man Jaffa und Nazareth jüdisch macht oder Ramalla und Nablus.)

Worte wie »das versprochene Land« oder »die versprochenen Grenzen« kann ich nicht verwenden, weil ich nicht an ihn glaube, der dieses Versprechen gegeben hat. Glücklich sind jene, die das können: Ihr Zionismus ist einfach und offenkundig. Der meine ist hart und kompliziert. Ich kann auch nichts mit jenen Scheinheiligen anfangen, die sich schnell auf das Versprechen und den Urheber des Versprechens berufen, sobald ihr Zionismus mit Schwierigkeiten und inneren Widersprüchen konfrontiert wird. Ich bin Zionist in allen Punkten, die die Errettung der Juden betreffen, aber ich bin kein Zionist, wenn es um die »Errettung des

Heiligen Landes« geht. Wir sind hierher gekommen, um als freie Menschen zu leben, und nicht, um das Land zu befreien, das unter der Entweihung durch ein fremdes Joch stöhnt, Jerusalem oder Galiläa oder Samaria oder Gilead oder Aram bis zum Euphrat. Ich bin nicht geboren, um Trompeten zu blasen oder ein Erbe zu befreien, das von Fremden entehrt worden ist.

Warum also dieser Ort unter allen anderen? Weil hier und nur hier der Ort ist, wohin die Juden kommen und ihre Unabhängigkeit aufbauen konnten. Weil die Erlangung der politischen Unabhängigkeit der Juden in keinem anderen Gebiet möglich gewesen wäre. Denn hier konzentrierten sich ihre Sehnsüchte.

Um die Wahrheit zu sagen, diese Sehnsüchte waren auf organische Weise mit dem Glauben an das Versprechen und den Urheber des Versprechens, an den Erlöser und Messias verbunden. Und der Glaube bildete, ebenso wie das gemeinsame Schicksal, die überdauernde Einheit des jüdischen Volkes. Andererseits hat nicht der Messias diesen Staat errichtet, sondern eine national-politische Bewegung mit einer säkularen, modernen Ideologie. Daher weist das Prinzipiengebäude des Zionismus eines Menschen ohne religiösen Glauben notwendigerweise Risse auf. Ich habe nicht die Absicht, diese Risse mit Phrasen und Sprüchen zu übertünchen oder zu kitten. Ich stelle mich ihnen, ich gestehe sie ein und akzeptiere sie; und ich sage: Hier stehe ich. Im gesellschaftlichen Leben und in der Liebe, im Angesicht des Todes und in der Gegenwart anderer ist ein nicht-religiöser Mensch zu einer widersprüchlichen Existenz verurteilt. Und das gilt für die Ideologie und den Zionismus gleichermaßen.

Daraus folgt, daß mein Zionismus kein »Ganzes« darstellt. Ich habe beispielsweise an Mischehen oder Glaubensübertritten, falls sie glücken, nichts auszusetzen. Nur solchen Juden, die *aus freien Stücken* Juden sind oder dazu *verurteilt* sind, Juden zu sein, gilt meine jüdische Verantwortung und meine jüdische Verbundenheit. Für sie und nur für sie stellt der Staat Israel eine Möglichkeit in der Gegenwart dar.

Ich betrachte mich nicht als einen Juden lediglich aufgrund der »Rasse« oder weil ich ein »Hebräer« bin, da ich im Lande Kanaan geboren wurde. Ich habe mich *entschieden*, Jude zu sein. Als Jude möchte und kann ich nirgendwoanders leben als in einem jüdischen Staat. Der jüdische Staat konnte nur im Lande Israel Wirklichkeit werden. So weit reicht mein Zionismus.

Die Konfrontation mit der jüdischen Vergangenheit

Ich lebe hier nicht, um die alten Zeiten mit neuem Leben zu füllen oder den Ruhm der Vergangenheit zu erneuern. Ich lebe hier, weil ich den Willen habe, als freier Jude zu leben.

Ich gebe zu, daß dieses Land zum größten Teil aufgrund einer religiösen Erfahrung gewachsen und verwirklicht worden ist. Selbst seine Gründer, die sich außerhalb der Sphäre der Religion begaben und dagegen revoltierten, waren von der Kraft einer religiösen Erfahrung getrieben, die sich als Formulierung einer national-säkularen Ideologie verkleidete. »Den Ruhm der Vergangenheit erneuern«, »die alten Zeiten mit neuem Leben erfüllen«, »das Land erretten« – diese geläufigen Redeweisen sind und waren Zeugnisse für die mächtigen Strömungen unter der Oberfläche der säkularen zionistischen Vorstellungen. Tatsächlich findet sich häufig ein Stück bewußter oder unbewußter Selbsttäuschung in diesen Wendungen, die absichtlich von ihrem religiösen Zusammenhang losgelöst werden, um eine wesentlich national-säkulare Ideologie zu schmücken und zu verschönern. Dieser falsche Zungenschlag wird besonders störend, wenn der Staat Israel mit messianischen Attributen versehen wird und man uns weismachen will, daß die Ankunft des Messias in jeder jüdischen Ziege, jedem jüdischen Hektar Boden und jedem jüdischen Gewehr sichtbar ist. Brenner hat dazu einiges zu sagen gehabt.

Aber die Existenz des Staates Israel, die sich hier entfaltet und Form angenommen hat, hat ein eigenes Bild hervorgebracht: Im Mittelpunkt steht nicht die Befreiung des überkommenen Erbes und auch nicht die Befreiung und Wiedererrichtung des Judaismus, sondern die Befreiung der Juden. Das neue Israel ist keine Wiedererrichtung des Königreichs Davids oder Salomos oder des Zweiten Tempels. Andererseits kann man es nicht als eine Art von amerikanischem oder australischem Einwanderungsland auf dem Boden Kanaans betrachten. Der neue Staat Israel ist nicht durch eine Nabelschnur mit der jüdischen Religion und Geschichte verbunden, aber auch nicht vollständig davon getrennt. Es ist eine merkwürdige und faszinierende Situation des »Sich in Bezug Setzens«. Bibel und Mischna, Gebete und Pijut, Halacha und Agada beherrschen den Staat Israel nicht, aber sie sind darin gegenwärtig und formen indirekt das tagtägliche und das geistige Leben.

»Sich in Bezug setzen« bedeutet weder ununterbrochene Kontinuität noch Neubeginn. »Sich in Bezug setzen« bedeutet ständige Beziehung zur jüdischen Vergangenheit. Die hebräische Sprache, das Gesetz und die Rechtspflege, die Gebräuche, die Kinderlieder, die Literatur – all dies verweist unablässig auf das Erbe der jüdischen Kultur. Das ist keine Neuinterpretation einer alten Kultur, wie die Schüler von Ahad Ha'am es wollen, und auch kein Sprung in Vergangenheit, um an die uralten vorjüdischen Zeiten anzuschließen, wie die Schule von Berdyczewski [Bin Gorin] behauptet. Es ist eine indirekte, gewundene, dialektische

Bezugnahme, beladen mit Konflikten und Spannungen, voller Aufbegehren und gefühlsmäßiger Nostalgie und reich an Widersprüchen und Gegensätzen.

Ich gehöre zu jenen, die glauben, daß diese Konflikte und Spannungen, diese Gegensätze und Widersprüche nicht zu geistiger Armut und Schalheit führen. Im Gegenteil: Sie sind eine Ader kulturellen Reichtums, eine fruchtbare Quelle geistiger Dynamik. Als nichtgläubiger Jude bin ich begeistert vom aufregenden Reichtum, der im Knäuel unseres Daseins hier verborgen liegt, im Lande der Juden, die sich zum Judaismus in Bezug setzen.

Die Stellungnahme zu Palästina

»Einem Volk ohne Land ein Land ohne Volk« – diese Formel machte ihren Vertretern einen leichten, einfachen und selbstverständlichen Zionismus möglich. Aber ihr Weg ist nicht der meine. Mein Zionismus ist hart und kompliziert.

Anscheinend brachte die verzaubernde Idee, »die alten Zeiten zu erneuern«, den Zionismus zu seiner tiefverwurzelten Neigung, ein Land ohne Bewohner vor sich zu sehen: Jeder Wunsch nach Wiederbelebung und Erneuerung beinhaltet die Absicht einer symmetrischen Zusammenfügung von Vergangenheit und Gegenwart. Wie wäre es den Vertretern der These von der Rückkehr nach Zion entgegengekommen, wenn sie das Land von den römischen Legionen oder den Kanaanitern und Philistern genommen hätten. Und in ein vollkommen leeres Land zu kommen wäre noch angenehmer gewesen. Von hier ist es nur ein kleiner Schritt zu jener selbstverschuldeten Blindheit, die darin besteht, die Existenz der arabischen Bevölkerung des Landes zu leugnen bzw. sie selbst und ihre Bedeutung mit der zweifelhaften Begründung abzuqualifizieren, sie »habe hier keine wertvollen Kulturleistungen geschaffen« – als ob uns das erlauben würde, von ihrer Existenz keine Notiz zu nehmen. (Zu gegebener Zeit sollte Naomi Shemer diese Haltung ausdrücken, als sie Ost-Jerusalem folgendermaßen beschrieb: »...der Marktplatz ist leer/und niemand geht hinunter zum Toten Meer/über Jericho«*, was natürlich bedeutete: Der Marktplatz ist leer *von Juden*, und *kein Jude* geht hinunter zum Toten Meer über Jericho. Eine bemerkenswerte Enthüllung einer bemerkenswert typischen Einstellung.)

Als ich ein Kind war, lehrten mich einige meiner Lehrer folgendes: Nachdem unser Tempel zerstört war und wir aus diesem Land vertrieben worden waren, beerbten Fremde unser Land und entehrten es. Die in der Wüste geborenen Araber ließen das Land brach liegen, überließen die Hügelterrassen ihrem Ruin und zerstörten mit ihren Herden die schönen Wälder. Als unsere ersten Pioniere ins Land kamen, um es wiederaufzubauen und von seiner Verwüstung zu erretten, fanden sie ein aufgegebenes, ödes Land vor. Nun ja, einige rückständige, unzivilisierte Nomaden zogen darin herum.

Unter den ersten, die hier ankamen, waren einige der Meinung, daß von Rechts wegen die Araber in die Wüste zurückkehren und das Land seinen Eigentümern zurückgeben sollten, und falls nicht – »Stehe auf und tritt dein Erbe an« – wie jene, die »Kanaan im Sturm nahmen«: »Eine Weise von Blut und Feuer... Erklettere den Berg, zermalme die Ebene, alles, was du siehst – beerbe es... und erobere das Land mit der Kraft deines Arms«, und so weiter (Tschernichowski: »Ich habe eine Weise«). Die ersten Siedler hielten allerdings zum größten Teil dem jüdischen Erbe und den Prinzipien Tolstojs die Treue und suchten daher den Weg des Friedens und der Güte, denn »die Beduinen sind Menschen

---

* Aus dem Lied »Jerusalem aus Gold«, das im Krieg und nach dem Krieg sehr populär war.

wie wir«(!). So brachten wir Licht in die Dunkelheit der Zelte von Kedar. Wir haben Straßen gebaut und Gebäude errichtet, wir haben geheilt und verbessert, und wir haben die Bewohner des Landes an den Wohltaten des Überflusses und der Zivilisation teilnehmen lassen. Aber sie, blutdürstig und undankbar, wie sie nun einmal sind, haben nur zu bereitwillig dem aufstachelnden Rat von Fremden Gehör geschenkt, und sie waren neidisch auf unseren Besitz und unseren Fleiß, sie waren begierig auf unsere Häuser und auf unsere Frauen. Daher haben wir ihre Angriffe abgewehrt. Wiederum haben wir die Hand ausgestreckt, und wieder hat man sie verweigert, und so geht der Krieg zwischen dem gepflügten Land und dem wüsten Land, zwischen den Söhnen des Lichts und den Söhnen der Finsternis bis auf den heutigen Tag weiter. (Man muß darauf hinweisen, daß diese vereinfachte Sicht zwar nicht allgemein vorherrschte, aber doch bei den Zionisten gang und gäbe war. Unter den besten Köpfen innerhalb und außerhalb der Arbeiterbewegung gab es viele, von A. D. Gordon bis Buber und Sharett, von Brenner bis Ben-Gurion und Yaari, die eine weitaus reifere und vielseitige Sicht der Situation hatten.)

Hinzu kommt, daß in unserer Haltung gegenüber der arabischen Bevölkerung von Anfang an zwei extreme, entgegengesetzte Denkrichtungen übereinstimmten: Der nationalistische Revisionismus und der »Kanaanismus« (der übrigens auf dem Boden des Revisionismus entstanden war) waren einer Meinung. Viele Jahre vor dem erstaunlichen, ironischen Zusammentreffen von Uri Zvi Grinberg und Aharon Amir im »Komitee für die Integrität des Landes Israel« stimmten die Kanaaniten und die Nationalisten darin überein, die Araber seien die direkte Reinkarnation der Amoriter, Ammoniten, Aramiten und was nicht noch. Die Romantiker und die Gegenromantiker wollten gleichermaßen die Gegenwart im Lichte der Bibel darstellen. (Die

Schlußfolgerungen waren allerdings entgegengesetzt: Die Revisionisten träumten von einem heiligen Krieg gegen die Stämme Kanaans, also von einer direkten Fortführung der Kriege Joshuas, Davids und Jannais und von der »Vergeltung für das Blut deiner Knechte, das vergossen ist«. Die Kanaaniten wiederum träumten von einer Rückkehr, um in die semitisch-kanaanitische Ethnie aufgenommen zu werden, wo wir vor Tausenden von Jahren durch einen »Gebetsriemen-Judaismus« getrennt worden waren.)

Am allerbedauerlichsten allerdings für die Vertreter dieses romantischen Bildes, das die glaubenstreuen und die apostatischen Juden jeweils auf ihre Weise so liebevoll hegten, war der Umstand, daß die Menschen, die ins zeitgenössische Zion zurückkehrten, keine kanaanitischen Stämme vorfanden und somit weder von diesen aufgenommen werden noch die uralten Blutfehden mit ihnen zu Ende führen konnten. Die Menschen, die nach Zion zurückkehrten, fanden sich mit einer arabischen Bevölkerung konfrontiert, die sich nicht symmetrisch ins Bild von der »Erneuerung der alten Zeiten« einfügen ließ, da sie nicht identisch war mit jenen, die uns aus unserem Land vertrieben und uns unseres Erbes beraubt hatten. Wegen tausend Nichtigkeiten, aber auch wegen der ersten Anzeichen eines legitimen Nationalbewußtseins war die arabische Bevölkerung nicht willens, uns die traditionelle herzliche orientalische Gastfreundschaft entgegenzubringen, und sie breitete nicht die Arme aus, um die heimkehrenden Söhne zu umarmen. Daher all die Verwirrung und all die Wut.

Dort war also das Volk, das nach Zion zurückkehrte, und es sah sich dem Volk des Gebiets gegenüber; es war verwirrt und weigerte sich, das andere Volk wahrzunehmen, war anmaßend und überschwenglich, galoppierte auf Patrouillenpferden und zupfte die Briten am Ärmel, um sich Gehör zu verschaffen, vergrub sich in Erinnerungen an Josua, Esra und Nehemia, beschäftigte sich mit exotischen, orientalischen Gebräuchen, zeigte das Bewußtsein eines missionarisch-zivilisatorischen Auftrags, war sich da und dort auch auf unbestimmte Weise einer tragischen Seite bewußt, war aber in jedem Fall fremd und anders.

Gerechtigkeit gegen Gerechtigkeit

Ich habe versucht, mittels einiger Übertreibungen zum einen die Ansicht zu skizzieren, welche die Auseinandersetzung als eine Art Wildwestfilm versteht, in dem die zivilisierten Guten die blutrünstigen Eingeborenen bekämpfen, zum anderen die romantischen Vorstellungen, die den Disput mit der Aura einer uralten Heldensage versehen wollen. Für mich ist die Konfrontation zwischen dem nach Zion zurückkehrenden Volk und den arabischen Bewohnern des Landes keine Art Western oder Sage, sondern eine Art Tragödie. Eine Tragödie ist kein Konflikt zwischen »Licht« und »Dunkel«, zwischen Gerechtigkeit und Verbrechen. Es ist ein Zusammenstoß von vollkommener Gerechtigkeit mit vollkommener Gerechtigkeit, wenngleich man die beiden Kontrahenten nicht als symmetrisch zueinander verstehen sollte. Und wie in allen Tragödien gibt es keine Hoffnung auf eine jubilierende Versöhnung auf der Grundlage einer klugen Kompromißformel. Die Alternative besteht hier zwischen einem Blutbad und einem traurigen, enttäuschenden Kompromiß, in dem man die Situation eher aufgrund zwingender Notwendigkeiten als dem plötzlich erreichten gegenseiten Verstehen akzeptieren wird.

Natürlich ist die Auseinandersetzung nicht symmetrisch (wie J. Harcavy in seinem Aufsatz *Israel's Position in the Israeli-Arab Dispute** deutlich herausgearbeitet hat). Zwi-

* *Le Conflit Israelo-Arabe*, in: *Les Temps Modernes*.

schen den unablässigen, enthusiastischen Versuchen des Zionismus, einen Dialog mit den einheimischen und ausländischen Arabern zu führen, und der bitteren, hartnäckigen Feindschaft, die die Araber, mit all ihren unterschiedlichen Herrschaftsformen, uns umgekehrt in den letzten Jahrzehnten entgegengebracht haben, besteht keine Symmetrie. Die Annahme jedoch, die Auseinandersetzung beruhe auf einem Mißverständnis, stellt einen großen Fehler und eine grobe Vereinfachung dar. Sie beruht vielmehr auf vollständigem Verständnis: Wir kehrten zurück und boten den Arabern guten Willen, gute nachbarschaftliche Beziehungen und Zusammenarbeit an, aber nicht das war es, was sie von uns wollten. Sie wollten, daß wir die Errichtung des jüdischen Staates im Lande Israël einstellten, und das ist ein Zugeständnis, das wir nicht machen konnten und niemals werden machen können. Es ist ein Zeichen äußerster Naivität zu glauben, daß allein die Streitsüchtigkeit gegenüber fremden Elementen und die Rückständigkeit ihrer reaktionären Herrschaftsformen die Araber daran hinderte, die positiven Seiten des Zionismus zu erkennen und uns sofort in brüderlicher Liebe um den Hals zu fallen.

Die Araber haben den Zionismus nicht bekämpft, weil sie ihn nicht verstanden haben, sondern weil sie ihn nur zu gut verstanden haben. Und darin liegt die Tragödie: Das gegenseitige Verständnis *ist* gegeben. Wir wollen als eine Nation, als ein jüdischer Staat existieren. Sie wollen diesen Staat nicht. Das läßt sich nicht mit leeren Worten übertünchen. Hochherzige Güte vom Brit-Schalom-Zuschnitt wird ebenso wenig helfen wie die politische Akrobatik der Semitischen Aktion; und die arabische Taktik, etwa die Behauptung, man gebe sich zufrieden, falls man den Flüchtlingen ihre Rechte zubillige, wird auch nichts helfen. Jede Suche nach einem Ausweg muß klar das volle Ausmaß der Auseinandersetzung erkennen: ein tragischer Konflikt von tragischer Stärke.

Wir sind hier – weil wir nirgendwo sonst als eine Nation, als ein jüdischer Staat existieren können. Die Araber sind hier – weil Palästina die Heimat der Palästinenser ist, so wie der Irak die Heimat der Iraker und die Niederlande die Heimat der Niederländer ist. Welche kulturellen Leistungen die Palästinenser hier geschaffen haben und in welchem Maße sie ein Nationalbewußtsein entwickelt haben, hat für ihr Recht auf Heimat keinerlei Bedeutung. Und man braucht ja wohl nicht zu erwähnen, daß der Palästinenser Gottes Versprechen gegenüber Abraham, den Sehnsüchten eines Jehuda Halevi und eines Bialik oder der von jenem britischen Adeligen, Lord Balfour, abgegebenen Erklärung keine Hochachtung zollt.

Häufig wird davon geredet, man solle die palästinensischen Menschen ins reiche Kuwait oder in den fruchtbaren Irak abschieben, aber das ist ebenso unsinnig wie die Idee, wir selbst sollten massenweise in die »jüdische« Stadt Brooklyn auswandern. Der Palästinenser hat schließlich das Recht, sich als Palästinenser zu betrachten, und nicht als Iraker oder Kuwaiter. Die Tatsache, daß nur eine Minderheit von Palästinensern dies offenbar so sieht, kann das nationale Recht auf Selbstbestimmung für die, sagen wir, nächste Generation nicht präjudizieren. Wir sollten uns in Erinnerung rufen – bei allen Einschränkungen, die dieser Vergleich erfordert –, daß eine Minderheit bewußter Zionisten – mit voller Berechtigung! – das Recht für sich beansprucht hat, hier einen jüdischen Staat zu errichten, zum Wohle der Mehrheit des jüdischen Volkes ohne zionistisches Bewußtsein und für das jüdische Volk als Ganzes.

Dies ist unser Land; es ist ihr Land. Recht prallt mit Recht zusammen. »Ein freies Volk in unserem eigenen Land zu sein« ist ein Recht, das universelle oder gar keine Gültigkeit hat.

Der Streit zwischen Israel und den arabischen Nachbarstaaten ist eine indirekte Folge des Streits zwischen uns und den Palästinensern. Er läßt sich natürlich nicht einfach als Resultat der »heiligen Brüderlichkeit« zwischen jenen Staaten und den hiesigen Arabern erklären. Ich bemerke dies nur, um meine Ansicht darzulegen, wonach die Auseinandersetzung, die in diesem Lande begonnen hat, nur dort beigelegt werden kann und beigelegt werden muß – falls das überhaupt möglich ist –, wo sie ihren Anfang genommen hat, nämlich hier. Es gibt nichts Tragisches an unseren Beziehungen zu Kairo, Damaskus oder Bagdad. Der Krieg, den sie gegen uns führen, ist im Kern ein Krieg von Aggressoren gegen das Objekt der Aggression (obwohl er die gewöhnlichen objektiven Gründe und den gewöhnlichen Hintergrund phrasenhafter Ideologie aufweist). Die Tragödie erstreckt sich somit auf den vielschichtigen Konflikt zwischen uns und den arabischen Bewohnern dieses gesegneten und verfluchten Landes.

Lob der Inkonsequenz

Von Anfang an nährte der Zionismus Denkrichtungen, die sich für »gigantische« geopolitische Spekulationen begeisterten. Selbst in Herzls Denken läßt sich, unter anderen, auch dieses Thema ausmachen. Die revisionistische Bewegung hat sich in ihren unterschiedlichen Verkörperungen das geopolitische Thema als die entscheidende Grundlage ihrer Überzeugungen zu eigen gemacht und sie hat mehr als nur einmal versucht, die Quadratur des Kreises oder das Ei des Kolumbus zu finden und den Gordischen Knoten zu durchschlagen, und das mit einem einzigen Schlag einer Losung. Die Arbeiterpartei wiederum begegnete im allgemeinen dem geopolitischen Thema mit ironischen Vorbehalten. Nur allzu leicht läßt sich dieser Unterschied als derjenige zwischen Riesen mit weitreichenden Visionen und engstirnigen Zwergen darstellen. Tatsächlich ist es aber der Unterschied zwischen einem stark vereinfachenden, ungezügelten Romantizismus und einem zurückhaltenden, vorsichtigen Romantizismus.

Der Sechstagekrieg hat im gesamten politischen Spektrum erneut »gewaltige« geopolitische Rezepturen hervorgebracht: totale Annexion, Massensiedlungen, eine semitische bzw. palästinensische Föderation bzw. Konföderation, ein palästinensisches Protektorat, eine Art jüdisches Reich im Stil der Osmanen, die Schaffung eines von der Gnade der israelischen Streitkräfte abhängigen Kurdistan und Drusistan und ähnliche weithergeholte Spekulationen zum Thema »Pax Hebraica«. All diesen alt-neuen Rezepten ist der Versuch gemeinsam, uns von der Tatsache abzulenken, daß unter unserer Herrschaft eine beträchtliche arabische Bevölkerung mit mehr oder weniger entwickeltem Nationalbewußtsein lebt. Alle geopolitischen Vorstellungen, die nach dem Sechstagekrieg so rasch und zahllos hervorschossen, haben ohne Zweifel einen gemeinsamen Nenner: Selbst wenn man die palästinensischen Araber mit wundersamem Wohlwollen überschütten, die palästinensischen Flüchtlinge neu ansiedeln und die Araber auf den Weg des Fortschritts bringen will, so will man doch stets eine grundlegende Notwendigkeit umgehen, nämlich jene befragen, über die man verfügt. Ich will gar nicht so weit gehen und fragen, ob die Araber dieses Landes sich selbst als Palästinenser, haschemitische Jordanier oder uralte Hebräer betrachten, die unglücklicherweise Muslime geworden sind. Aber ich bin mir nahezu sicher, daß sie nicht den brennenden Wunsch haben, ihre Zukunft in die Hände selbst der aufgeklärtesten und wohlwollendsten Juden zu legen, die mit väterlicher und nachsichtiger Umarmung Palästina entgegentreten. Sie betrachten sich zweifelsohne als die ausgeraubten Besitzer des gesamten Landes, wobei einige die Situation widerstrebend akzeptieren und andere dies überhaupt nicht tun. Diese Bevölkerung hat jedenfalls nie die Möglichkeit gehabt, sich selbst zu artikulieren und ihre Wünsche demokratisch zum Ausdruck zu bringen, ob nun als palästinensisches Volk oder als Zweig der gesamten arabischen Nation. Ihre Forderung nach Selbstbestimmung ist legitim. Man kann ihre Verwirklichung aus Gründen der israelischen Sicherheit aufschieben, aber man kann ihre prinzipielle Berechtigung nicht in Abrede stellen.

Wo Recht mit Recht zusammenprallt, kann man das Problem entweder durch Gewalt lösen oder durch einen unvollkommenen Kompromiß, den keine der beiden Seiten als gerecht ansehen wird.

Im ersten Fall bin ich mir nicht sicher, welche Gewalt die Entscheidung herbeiführen wird, wenn der Kampf insgesamt vorüber ist. Wir wissen ja, daß sich über Generationen hinziehende Konflikte nicht zwischen Armeen entschieden werden, sondern zwischen nationalen Bedeutungssystemen. Was die zweite Möglichkeit betrifft, so ist ein schwacher Kompromiß nur zwischen einem inkonsequenten Palästinenser und einem inkonsequenten Zionisten (wie ich es bin, geschieht mir recht!) möglich. Das Recht haben natürlich in seinem vollen Maße auf ihrer Seite jene, die ins Feld führen, daß es im Prinzip keinen Unterschied gibt zwischen Ramleh in Israel und Ramallah auf der West-Bank, zwischen Gaza und Beerscheba, zwischen Jerusalem und Jerusalem, und sogar zwischen den Bezirken Sharon und Gilead. Und genau das behaupten der konsequente Zionist und der konsequente Palästinenser: Beide beanspruchen alles jeweils für sich.

Unter Individuen und unter Nationen ergibt sich manchmal die Situation, daß eine instabile Koexistenz nur dank einer gewissen Inkonsequenz möglich ist. Die Helden der

Tragödie, die sich in Gerechtigkeit und Reinheit verzehren, zerstören und vernichten einander durch die Macht der Konsequenz, die bis ins Mark hinein wie Feuer in ihnen brennt.

Die Stellung zu den arabischen Staaten

Es ist durchaus von Nutzen, den Gang der Diskussion von gewissen Stolpersteinen frei zu machen, die eher zu Irrtümern und zum Abbruch der Diskussion führen. Dazu gehört die unselige Definition der »heimkehrenden Gebiete«. Die Gebiete, die während des nationalen Errettungskriegs besetzt worden sind, lassen sich in zwei Kategorien aufteilen: in von Palästinensern bewohnte Gebiete und in solche, die unbewohnt waren und als Ausgangspunkte für einen Zermürbungs- bzw. Vernichtungskrieg dienten. Ost-Jerusalem, Judäa, Samaria und der Gaza-Streifen sind eine Sache, die Halbinsel Sinai und die Golanhöhen eine andere. Im Falle der Halbinsel Sinai und der Golanhöhen ist das Problem vergleichsweise einfach. Ägypten und Syrien sind durch die Eroberung dieser Gebiete nicht ihrer Unabhängigkeit beraubt worden. Wir haben ihre Armeen vernichtet und ihnen die Ausgangspunkte ihrer Aggression genommen. Wenn sich diese Länder dazu herablassen werden, mit uns über Friedensverträge zu verhandeln, so wird einer der Punkte, die wir mit ihnen besprechen werden, der endgültige Grenzverlauf sein, und wir werden uns mit Sicherheit nicht im vorhinein auf die direkte Verbindungslinie zwischen Rafah und Eilat festlegen, und erst recht nicht auf die von den groben Händen der Herren Picot und Sykes im Norden gezogene stumpfsinnige Linie. Gegenwärtig, da sich Syrien und Ägypten weigern, wohlüberlegte Friedensverträge mit uns zu unterzeichnen, ist es weder hart noch tadelnswert, diese Gebiete militärisch besetzt zu halten. Bis auf weiteres dienen sie eher der Warnung und Abschreckung Kairos und Damaskus' und stellen keine unkontrollierbare Bedrohung des israelischen Gutes dar.

Was Judäa, Samaria und den Gaza-Streifen betrifft, so ist die Bezeichnung »Heimkehr der Gebiete« sinnlos. Die Zukunft dieser Gebiete ist zwischen uns und den palästinensischen Arabern, die dort wohnen, zu regeln. Wie ich schon gesagt habe, ist das kein Problem wie der Gordische Knoten oder das Ei des Kolumbus; es läßt sich nicht mit einem einzigen klugen Vorschlag lösen wie dem simplen Rezept, wonach der Friede von einer Geste der Generosität und des guten Willens abhängt, oder jener unüberlegten These, wonach der Friede das einfache mathematische Resultat von politischer Entschlossenheit plus militärischer Stärke ist.

Aus der Sicht der arabischen Nachbarländer ist die Wurzel des Konflikts deren Todesangst vor den zionistischen Möglichkeiten. In ihrer Perspektive besitzt der Zionismus ein technisches und ideologisches Potential, das viel zu groß ist, als daß es sich mit den Dimensionen eines »Stücks Land als Schutz und Schirm« zufriedengeben würde. Die gemäßigten Politiker Israels können sagen, was sie wollen, die Araber sehen nur, daß der Zionismus in den letzten achtzig Jahren zu wechselnden Wellen rascher Akkumulation und Expansion geführt hat. Daher rührt auch bei den Gebildeten und Ungebildeten in den Nachbarstaaten das Gefühl, daß unter den gegebenen Umständen viele Gebiete im Nahen Osten das Ziel zionistischer »Erlösung« und »Befreiung« werden könnten; und in dieser Hinsicht ist der Glaube der Araber an die Macht des Zionismus paradoxerweise sogar größer und umfassender als derjenige der rabiatesten Extremisten unter uns. Und während man nicht leugnen kann, daß der nützliche und vielleicht entscheidende Beitrag zur mächtig anwachsenden Stärke des Zionismus die politische Dummheit der arabischen Führer war, so wird ihre Furcht dadurch nicht verringert, und Furcht verstärkt gewöhnlich die Dummheit.

Für die Nationalbewegungen in den arabischen Ländern ist das Schicksal des arabischen Palästina angesichts der übermenschlichen, dämonischen Kräfte, die sie dem Zionismus beimessen (bis hin zu einem tatsächlichen Aberglauben), eine schreckliche Vision ihrer eigenen Zukunft. Der zuversichtliche Glaube der arabischen Staaten an unsere Stärke und unsere insgeheime Absicht, uns »nach Osten und Westen, nach Norden und Süden« auszubreiten, zwingt sie, für Palästina zu kämpfen und kompromißlos danach zu trachten, den zionistischen »Brückenkopf« zu vernichten, solange er noch im Entstehen begriffen ist.

Hier liegt ebenfalls unser Schicksal und unsere Zukunft. Wenn in Israel nach dem Sechstagekrieg jene Strömungen im Zionismus vorherrschen, denen die »Errettung des Bodens« am meisten bedeutet und die nationalistische und kanaanitische Ambitionen einschließen, eine große jüdische Macht oder eine »große Nation« zu werden, dann wird sich der arabische Nationalismus bestätigt fühlen, wonach es das Schicksal der Araber ist, einen Kampf auf Leben und Tod gegen die zionistische Bedrohung zu führen, bis diese beseitigt ist. Wenn andererseits ein siegreiches Israel Palästina die Möglichkeit geben wird, sich allmählich in Richtung auf die Verwirklichung seines nationalen Rechts auf einen Teil des Bodens des Landes Israel zu entwickeln, dann wird die arabische Welt einem mentalen und ideologischen Schock ausgesetzt sein, der sie vielleicht im Laufe der Zeit zwingen wird, den Zionismus anders zu sehen. Eine derartige neue Sichtweise könnte, zusammen mit einem starken Bewußtsein der israelischen Entschlossenheit und Fähigkeit zur Selbstverteidigung, die arabischen Staaten an jenen Punkt führen, wo sie allmählich, wenn auch mit Erbitterung und

Wut, unsere Existenz als Tatsache anerkennen; uns herzlich und begeistert entgegentreten werden sie jedoch nicht.

Zwei Möglichkeiten des Zionismus

Ich gehöre nicht zu jenen, die der fatalistischen Ansicht sind, es gebe keinen anderen Ausweg aus der Tragödie als den definitiven Sieg einer der beiden Seiten in Blut und Feuer. Andererseits teile ich auch nicht die melodramatische Sicht, wonach sich die beiden versöhnten Parteien umarmen, sobald man die magische geopolitische Formel gefunden hat. Das Höchste, das wir erwarten können, ist, wie immer im Fall von tragischen Situationen unter Individuen und Völkern, ein Prozeß der Anpassung und psychologischen Anerkennung, begleitet von einem langsamen, quälenden Realitätsbewußtsein und belastet mit Verbitterung und mit Opfern, mit zerstobenen Träumen, Verdächtigungen und Vorbehalten, die wie körperliche Wunden langsam verheilen und bleibende Narben hinterlassen.

Man sagt: »die Situation erfordert« dies und »die Zustände diktieren« das und »es bleibt in diesem Augenblick keine andere Wahl«. Das stimmt und stimmt wiederum nicht. Tatsache ist, daß *die wirkliche, unmittelbare Schlußfolgerung meiner Überlegungen mich zu einer Position führt, die von der offiziellen Politik der israelischen Regierung nicht weit entfernt ist.*

Zugleich kann nur ein Blinder oder ein unbelehrbarer Pragmatiker übersehen, daß die Ergebnisse dieses Krieges die zionistische Ideologie vor eine *dringende und unmittelbare* Wahl von schicksalhaftem Gewicht und schicksalhafter Bedeutung gestellt haben. Wenn die den Zionismus beinahe von Anfang an begleitende Strömung – des nationalistischen Romantizismus und der Visionen von Größe und mythischer Erneuerung, der Sehnsucht nach einem Königreich und Trompetenblasen und der Eroberung von Kanaan im Sturm, des nationalen Überlegenheitskomplexes, der auf militärischer Nostalgie im Gewand starker religiöser Impulse beruhte, und der Vorstellung von Israel als ein gigantischer Racheakt für die historische »Erniedrigung« der Diaspora –, wenn diese Strömung die Oberhand gewinnt, dann ist der Nahe Osten dazu verdammt, das Schlachtfeld zweier Völker abzugeben, die beide einen gerechten Krieg führen, die beide um ihr Leben kämpfen und die beide bis zum Untergang kämpfen werden.

Ich glaube an einen Zionismus, der den Tatsachen ins Auge blickt, der Macht gezügelt ausübt, der die jüdische Vergangenheit als eine Lektion begreift, weder als ein mystisches Gebot noch als einen bösen Traum, der die palästinensischen Araber als palästinensische Araber ansieht, und weder als die verbrämte Wiedergeburt der alten Stämme Kanaans noch als eine gestaltlose Menschenmasse, die darauf wartet, von uns so geformt zu werden, wie wir es für richtig erachten; der Zionismus, wie ich ihn begreife, ist ebenfalls in der Lage, sich selbst so wahrzunehmen, wie andere ihn wahrnehmen, und es ist schließlich ein Zionismus, der die geistigen Dimensionen und die politischen Konsequenzen der Tatsache anerkennt, daß dieses kleine, aber kostbare Land die Heimat zweier Völker bildet, deren Schicksal es ist, nolens volens unter den Augen des anderen zu leben, da kein Gott und kein Engel herabkommen wird, um über Recht und Recht zu urteilen. Das Leben beider Völker, unser aller Leben hängt von einem harten, qualvollen und wesentlichen Prozeß ab, nämlich einander kennenzulernen in der konfliktzerrissenen Landschaft dieses geliebten Landes.

New Outlook, Oktober 1967

Hebräische Melodien

Es war im Juni 1987. Genau fünf Jahre waren seit der Invasion des Libanon vergangen, und jeder versuchte, das zu vergessen. Im Radio, im Fernsehen und in der Presse veranstaltete man ein Festival, um auf die 20. Wiederkehr des Sechstagekrieges hinzuweisen. Man veranstaltete Symposien, spielte hebräische Melodien (»Ich erinnere mich an Bet H'arava«, »Die Klagemauer«, »Munitionshügel«), hielt Gedenkveranstaltungen auf Soldatenfriedhöfen ab, verlieh seiner Nostalgie über diesen vernichtenden Sieg Ausdruck und sank förmlich dahin über »Jerusalem aus Gold«. Und man debattierte lang und breit über das, was wir mit einem widerlichen Ausdruck »Früchte des Siegs« beschreiben.

Niemand hierzulande erinnerte während dieser Woche an den Krieg im Libanon. Die Gefallenen des Sechstagekriegs »gehören uns allen«, aber diejenigen des Libanonkriegs gehören allein ihren Müttern.

Bis zum Libanonkrieg besaß selbst jemand wie ich eine Eintrittskarte (vielleicht für einen hinteren Eckplatz auf dem Balkon, natürlich einen Stehplatz) in die Zauberwelt des »wunderschönen Landes Israel«, zu den hebräischen Melodien, zu den Gefühlen »eines Mannes, der eines Morgens aufwacht und spürt, daß er ein neugeborener Mensch ist und sich nach vorn zu bewegen beginnt«, wie A. Gilboa es ausgedrückt hat. Während des Libanonkriegs konnte man hoffen, daß jene Blindheit, jener Machthunger und jene Selbstgerechtigkeit, die damals so offenkundig waren, sich lediglich als Begleiterscheinungen des Kriegs erweisen würden und daß ein Friedensschluß uns unsere Vernunft zurückgeben werde. Aber während des Libanonkriegs begriff ich schließlich, oder vielmehr glaubte ich zu begreifen, daß die Unvernunft tiefgehend und weitverbreitet war, daß sie wohl mehr war als nur eine Begleiterscheinung. Selbst heute, nach dem Libanonkrieg, suche ich von Zeit zu Zeit nach etwas, woran ich meine Hoffnung knüpfen und wofür ich mich engagieren kann. Aber das Leben nach dem Krieg ist nicht mehr das von vor dem Krieg. Was einmal war, wird nie wieder so sein.

Unter den Linken gibt es Menschen, die an dieser Stelle zu mir sagen würden: »Guten Morgen! Willkommen in der realen Welt.« Ihrer Meinung nach war Israel schon lange vor dem Libanonkrieg der Schurke, bereits vor der Regierungsübernahme durch den Likud*, seit der Besetzung der West-Bank und des Gaza-Streifens 1967, vielleicht schon seit den Anfängen der »zionistischen Durchdringung«. Ich bin nicht ihrer Meinung. Diese Debatte ist andernorts ausgetragen worden. Ich habe diesen Essay im Juni 1987 einzig und allein geschrieben, um zu zeigen, was ich vom Sommer 1982 noch in Erinnerung hatte.

Im August 1981 wurde durch Vermittlung des amerikanischen Diplomaten Philip Habib ein Waffenstillstandsabkommen zwischen Israel und der PLO unterzeichnet. Beide Seiten hielten dies Abkommen entlang der libanesischen Grenze ein. Es war meines Erachtens das Jahr mit den wenigsten Kriegstoten seit der Errichtung unseres Staates. Die PLO wurde von ihrem Versuch abgehalten, weite Gebiete des auseinanderbrechenden Libanon unter ihre Kontrolle zu bringen. Ein, zwei Jahre später wäre ein Teil des Libanon vielleicht in einen palästinensischen Staat verwandelt worden. Und die PLO hat in der Tat sehr viel unternommen, um die Infrastruktur einer halbregulären Armee aufzubauen, einschließlich einiger Dutzend veralteter Panzer und

---

* Likud ist die größte Rechtspartei in Israel und stellte von 1977 bis 1984 die Regierung.

beträchtlicher Artillerie. Trotz der Übertreibungen der israelischen Propaganda, die während des Libanonkriegs Berichte von »riesigen Waffenlagern« an die Öffentlichkeit brachte, war die organisierte Waffenstärke der PLO nicht annähernd so groß wie die einer einzigen syrischen oder jordanischen Division. Die PLO war bereits vor dem Libanonkrieg in der Lage, den Störenfried abzugeben und Blut zu vergießen, und sie verfügt über diese Macht auch nach dem Krieg. Aber sie war nicht stark genug, um für Israel lebensbedrohlich zu sein, und aufgrund ihrer eingeschränkten Macht kann sie dies ohne fremde Hilfe auch in Zukunft nicht sein. Im Norden nichts Neues, sozusagen.

In der Nacht vom Mittwoch, den 2. Juni, auf Donnerstag, den 3. Juni 1982, wurde der israelische Botschafter in Großbritannien, Shlomo Argov, durch einen Kopfschuß schwer verletzt. Abu Nidals Gruppe übernahm die Verantwortung dafür. Der Sprecher der PLO in Beirut dementierte rasch jegliche Beteiligung seiner Organisation an dem Verbrechen, da die PLO zu jener Zeit den nicht gänzlich erfolglosen Versuch unternahm, internationale Anerkennung zu erlangen, so daß Israel gezwungen werden könnte, die PLO als Partner bei den Verhandlungen über die Zukunft der besetzten Gebiete zu akzeptieren. Die israelische Regierung schrieb jedoch der PLO die volle Verantwortung für den versuchten Mordanschlag auf den Botschafter zu. Am Donnerstagnachmittag rief mich ein Bekannter an und sagte: »Mach dich fertig, alter Junge! Wir werden ziemlich bald einen kleinen Krieg führen. So was wie eine größere Version des Litani-Überfalls von 1978. Nur daß wir diesmal bis zum Awali gehen werden oder sogar bis hoch in die Zaharani. Schau es dir mal auf der Karte an. Und wir werden uns erst zurückziehen, wenn wir die ganze Sache den Jungs von Major Haddad übergeben können.« Und dann fügte er noch den geheimnisvollen Satz hinzu: »Es sei denn, daß die-

ser ganze Libanon durch unseren Tritt vollständig auseinan-
derfällt – in dem Fall kann alles mögliche passieren.«

Am selben Abend wurden einige Reservisten aus dem
Kibbuz Hulda eingezogen. Es waren nicht viele, vielleicht
vier oder fünf. Am frühen Freitagmorgen passierten mit
Tarnnetzen bedeckte Militärlastwagen im Konvoi die Bi-
lu-Kreuzung, die in der Nähe liegt. Mittags konnten wir
hören, daß man Vorbereitungen auf dem Tel Nof-Luftwaf-
fenstützpunkt traf. Das regionale Zivilverteidigungshaupt-
quartier rief unseren Kibbuzleiter an und forderte ihn auf,
unsere Nachtwache zu verstärken. Der Armee-Radiosen-
der begann mit besonderen Nachrichten, und alles war so
wie in den guten alten Zeiten, wie vor dem Sinai-Feldzug
1956, wie vor dem Sechstagekrieg 1967, wie vor dem Yom
Kippur-Krieg 1973. Das ganze glich einer fahrenden Schau-
spielertruppe, die alle paar Jahre mit ihrer Tour zu Ende
kommt und dann mit einer Wiederholungstournee beginnt,
nur daß inzwischen die Schauspieler ein bißchen älter geworden, die altvertrauten Kulissen verschlissen sind und
alle Zuschauer die Zeilen vorsprechen, ehe die Schauspieler
ihren Text sagen können. Lediglich die Kinder, die die früheren Vorstellungen nicht gesehen haben, sind aus dem
Häuschen.

Doch diesmal fehlt etwas. Diesmal scheint die vertraute
Show zusammengeschrumpft zu sein. Nach einiger Zeit
spürt man den Unterschied zwischen dieser Vorstellung und
den früheren; diesmal zieht sich der Magen nicht vor Angst-
krämpfen zusammen. Diesmal fehlt auch die Furcht, der
Krieg könne sich auf die roten Ziegeldächer hier im Kibbuz
herabsenken. Im Gegensatz zu früheren Kriegen macht
kein Mensch Anstalten, die Luftschutzräume zu säubern,
die Fensterscheiben mit Klebeband zu verstärken, die
schweren Verdunkelungsvorhänge zu waschen oder einen
Notplan für das Krankenhaus aufzustellen. Und plötzlich

dämmert es einem: Das ist ein abgekartetes Spiel. Das Ergebnis dieses Krieges ist von Anfang an klar, und in jedem Fall wird uns kein Fünkchen davon hier erreichen. Der ganze Krieg wird in einem anderen Land stattfinden, und möge Allah ihnen gnädig sein. Diesmal ist nicht unser ganzes Land der Kriegsschauplatz, und das Volk ist nicht die Armee, und diesmal geht es nicht um Leben und Tod. Diesmal wird Israel einen Luxus-Krieg führen, und sollte jemand Zweifel haben, ob er am Leben bleiben wird – na ja, es handelt sich doch nur um den Typ, den man dahin geschickt hat, in die Arena. Die Zuschauer können auf ihren Stühlen sitzen und Popcorn mampfen. Oder vielmehr, anstatt dazusitzen und zuzuschauen, können sie wie gewöhnlich ihren Geschäften nachgehen – mit anderen Worten: jedermann, der sich nicht besonders für diesen Krieg interessiert. Jeder kann etwa wie geplant seine Ferien im Ausland, in Spanien oder Portugal, verbringen, kann endlich die Veranda zubauen, das Restaurant eröffnen, sein erstes Theaterstück auf die Bühne bringen, den alten Wagen verkaufen. Ich meine natürlich: jeder, der nicht selbst eingezogen worden ist oder dessen enge Verwandte und Freunde einberufen worden sind. Diesmal befindet sich nicht die gesamte Nation im Krieg, sondern nur die Armee, die Regierung, die Presse. Was ich hier schreibe, bezeugt die Gräßlichkeit des Krieges, der uns nicht aufgezwungen wurde und der nicht ausgefochten wurde, um einer lebensbedrohenden Situation vorzugreifen, sondern vielmehr, um »ein Ergebnis zu erreichen« und »das Eisen zu schmieden, solange es heiß ist«. Es ist so ähnlich wie eine Investition in Aktien zur rechten Zeit. Ganz und gar nicht war das so im Fall der früheren Kriege Israels, nicht einmal in jenen Kriegen, die aus dem einen oder dem anderen Grund umstritten waren. Und hier liegt der Kern des Schreckens, den Menachem Begin wenige Wochen später als einen »gewählten Krieg« bezeichnen sollte, indem er argumentierte, daß er vorteilhaft, billiger und lohnender sei als »Kriege, zu denen es für uns keine Alternative gibt«. Und zugleich werden seine Anhänger, um diesen Krieg zu rechtfertigen, im nachhinein versuchen, die vorangegangenen Kriege Revue passieren zu lassen und – in Übereinstimmung mit Israels Feinden – behaupten, daß wir tatsächlich immer die Wahl gehabt haben, daß wir immer der Aggressor waren, daß wir immer gelogen haben mit der Behauptung, wir stünden mit dem Rücken zur Wand, und daß Israel immer bestechende, selbstgerechte Argumente vorgeschoben hat, um seine Raffgier zu übertünchen; und so eine große Sache ist es nun auch wieder nicht, also worum geht es denn überhaupt, und, bitteschön, hauen Sie ab hier und halten Sie den Mund.

All dies kam erst in den Wochen danach zur Sprache. Am Freitag, dem 4. Juni, kreiste das Gespräch am Mittagstisch im Speisesaal des Kibbuz Hulda um ganz andere Dinge. M., ein altgedientes Kibbuzmitglied, sagte: »Begin sucht einen militärischen Erfolg, der in aller Munde ist, damit sich seine Anhänger wieder begeistern und vergessen, daß wir vor zwei Monaten unsere Siedlungen auf dem Sinai aufgeben mußten.«

Rotkopf bemerkte: »Diesmal müssen wir sie ein für allemal erledigen, nicht wie damals beim Litani-Unternehmen. Und wenn die Ägypter einen Mucks machen, wird das die Gelegenheit sein, uns den Sinai zurückzuholen.«

A. sagte: »Hört jetzt mit dem Sinai auf. Reagan hat Begin gesagt, er soll den Libanon nehmen und ihn den christlichen Phalangisten geben. Vielleicht sollten wir alles bis zum Litani einnehmen, dann haben wir genug Wasser für das Land. Und wenn es zufällig dazu kommen sollte, daß Assad* stürzt, werden uns die Ägypter Blumensträuße schicken. Das könnt ihr mir glauben. Vielleicht können wir den Ara-

* Hafez al-Assad, geboren 1928, ist seit 1971 Präsident von Syrien.

bern ja einen Streifen der Gebiete geben oder etwas Autonomie, und damit hat es sich dann. Vielleicht kommen wir aus dieser Sache auch mit einem umfassenden, totalen Frieden, natürlich zu unseren Bedingungen, heraus.«

M. sagte: »Begin will in die Geschichte eingehen als ein noch größerer Ben Gurion. Und dieser Raful [Rafael Eitan] und dieser Arik [Ariel Scharon] – na ja, die haben schon lange am Abzugshahn herumgefingert.«*

L. bemerkte: »Alle diese zerstrittenen Parteien im Libanon werden uns zu Hilfe kommen, um ihr eigenes Haus in Ordnung zu bringen. Christen, Drusen, Wahwiten, sogar die Palästinenser selbst, nachdem die Phalangisten und die Drusen sie bei Azataar so hingeschlachtet haben.«

Rotkopf sagte: »Das Ganze ist eine Verschwörung der Amerikaner. Vielleicht haben sie die ganze Sache in Camp David ausbaldowert, so heimlich, still und leise. Und wißt ihr was? Hussein und die Saudis werden sich die Lippen lecken, wenn Arafats Ende naht. Das wird ein toller kleiner Krieg werden! Der Dreitagekrieg – so wird man ihn nennen.«

An diesem Nachmittag war ich allein zu Hause und legte mich auf die Couch, um die Wochenendzeitungen zu lesen. Ich fragte mich, ob auch ich zum Reservedienst eingezogen würde. Ich hoffte, nicht, schämte mich aber dieser Hoffnung ein wenig. Die Nachmittagszeitungen schlugen einen Ton angestrengter Fröhlichkeit an, als hätte die alte Marschmusik diesmal einen unechten Klang. Wollte man den Zeitungen glauben, war Israel wie ein in die Jahre gekommener Gentleman, stattlich und gut situiert, der sich in sein Badezimmer einschließt, um sich für ein erregendes Rendezvous in Schale zu werfen, das ohne jegliches Dazutun seinerseits zustande gekommen ist. Vor dem Spiegel summt er vor sich

---

* Ariel Scharon, General, Politiker und Führer des Likud, war während des Libanonkriegs Verteidigungsminister. Rafael Eitan, ebenfalls General, war von 1978 bis 1983 Generalstabschef.

hin und versucht, durch seine Erinnerung an seine wilde Jugendzeit in Stimmung zu kommen, als ihm vor lauter anerkennendem Klopfen die Schultern wehtaten.

Jetzt aber klangen die entscheidenden Worte aus den Zeiten von 1967 müde und abgenutzt. »Ein vorbeugender Schlag«, schrieb jemand. »Um sie für die nächsten zehn Jahre vom Spielfeld zu fegen«, erklärte ein anderer Kommentator. Und wieder jemand anderes holte die alte Idee der »Wiederbelebung der Abschreckung« hervor. Man schrieb, unser Friedensvertrag mit Ägypten werde die Eröffnung einer zweiten Front verhindern und uns, »in Anbetracht der Machtverhältnisse«, einen Blitzkrieg ermöglichen, insbesondere, wenn die Syrer genügend Vernunft hätten, die Sache auszusitzen. Man schrieb auch über die Notwendigkeit, »den internationalen Terrorismus mit seinen Wurzeln ein für allemal auszureißen«. Ein anderer appellierte in einem väterlichen, vergebenden Tonfall an die Führer der oppositionellen Arbeiterpartei, man solle sich – zum eigenen Nutzen – daran erinnern, daß man bei den Wahlen des gerade zu Ende gegangenen Jahres es habe teuer bezahlen müssen, die Bombardierung der irakischen Atomreaktoren abgelehnt zu haben. Diesmal, riet der Journalist den Führern der Arbeiterpartei, müßten sie mit dem Volk und nicht gegen das Volk handeln.[*]

Am Nachmittag desselben Tages flogen Maschinen der israelischen Luftwaffe einen massiven Angriff auf die Vororte von Beirut. Sie zerstörten, wie in den Nachrichten gemeldet wurde, das städtische Stadion, das den Terroristen als großes Waffenarsenal gedient hatte. Die Flammen, so wurde voller Schadenfreude berichtet, »sah man noch aus

---

[*] Die Arbeiterpartei, die größte Mitte-Links-Partei in Israel, regierte von 1948 bis 1977. Ab 1984 bildete sie eine Koalition der »nationalen Einheit« mit dem Likud und anderen Parteien. Seit 1992 stellt die Arbeiterpartei in einem Links-Bündnis mit der Meretz-Partei die Regierung.

zig Kilometern Entfernung«. In den Abendnachrichten hieß es, wie gewöhnlich, daß »Arafat selbst auf unerklärliche Weise dem Bombardement entkommen« sei.

Am späteren Abend begann der Militärsender endlich – wie angekündigt und in den Programmhinweisen ausgedruckt –, uralte hebräische Melodien zu senden: »Dort auf den Hügeln von Galiläa«, »Im Eukalyptushain« und vielleicht sogar »Die Majestät des Berges Hermon« (»Wir stiegen mit dem Wind / auf seinen strahlenden Gipfel...«).

Am folgenden Samstag wartete die israelische Regierung den ganzen Tag auf die Reaktion der PLO auf die Bombardierung der Umgebung Beiruts am Tag zuvor: Katjuscha-Geschoßhagel auf die Dörfer von Galiläa, die eine anschließende Invasion rechtfertigen würden. Eine Nacht und einen Tag lang konnte sich die PLO zurückhalten, vielleicht weil ihre Führer spürten, was dann losbrechen würde, und sie sich nicht Israel in die Hände spielen wollten.

Am Samstagmorgen fuhr ich mit M. zum Kibbuz Subaru wegen eines Treffens der »Frieden jetzt«-Anhänger in der Kibbuz-Bewegung, das in einem Kibbuz im Norden stattfinden sollte. Alle Straßen nach Norden waren von langen Militärkonvois verstopft: große Tieflader mit Panzern, mobile Artilleriegeschütze, Jeeps, geschlossene Lastwagen und solche mit offener Ladefläche, auf denen riesige Scheinwerfer waren, andere wiederum mit Anhängern, die aus länglichem Kriegsgerät unter khakifarbenen Tarnnetzen bestanden, Busse voller Soldaten (die mitnichten sangen), und unter den Fahrzeugen befanden sich, wie stets in den Kriegen zwischen David und Goliath, zivile Lastwagen, die requiriert worden waren: Bermans Bäckerei, Tadiran & Co., Amcor Unternehmungen, Marbek A. G. usw.

Auf dem Kibbuz-Treffen sprach man wie immer von der »korrumpierenden Besetzung« und dem »nationalistisch-religiösen Fanatismus«, der sich »in all seiner Häßlichkeit«

zwei Monate zuvor während der Evakuierung der jüdischen Siedlungen auf der Halbinsel Sinai gezeigt hatte. Man verurteilte den falschen Messianismus und warnte vor dem »dahinschwindenden Geist von Camp David«. Stimmen für oder gegen Ygal Allons Plan eines territorialen Kompromisses wurden laut. Eine junge Frau mit amerikanischem Akzent verglich Israel mit den Vereinigten Staaten während des Vietnamkriegs und gab ihrem Verständnis für die »palästinensische Widerstandsbewegung« Ausdruck. Und dann war da ein schmächtiger, emotionaler junger Mann – ich glaube aus Lateinamerika –, dessen Name mir entfallen ist, an dessen Worte ich mich aber gut erinnere. Er sagte, es werde einen Blitzkrieg im Libanon geben und aufgrund eines schnellen und leichten Sieges würde der Libanon zur West-Bank Nummer zwei werden. Zunächst würde man den halben Libanon besetzen, um weitere Katjuscha-Angriffe zu verhindern. Dann würde man sagen, man könne die Gebiete nicht zurückgeben, da es keinen Gesprächspartner gäbe. Später würde man behaupten, daß es vielleicht einen Gesprächspartner gäbe, aber ohne einen stabilen und dauerhaften Frieden würde man nichts zurückgeben. Woraufhin man sagen würde: Worum geht es denn überhaupt? Von welchen Besetzern sprechen Sie denn? Und von welcher Besetzung? Wir haben, bitte sehr, nur den biblischen Teil des Stammes Ascher befreit. Und dann würde man einen Trupp Rabbis ausschicken, um die Ruinen einer uralten Synagoge in Nabatiyeh oder einen jüdischen Friedhof in Sidon wiederherzustellen. Danach würde eine Gruppe von Siedlern vom Gush Emunim (Block der Rechtgläubigen)* Häuser errichten, um am Grab der Königin Jezebel zu be-

---

* Gush Emunim ist eine geistig-politische Bewegung, die in allen von Israel besetzten Gebieten jüdische Siedlungen aufbauen will, um »Großisrael« zu verwirklichen, einschließlich der West-Bank und des Gaza-Streifens. Sie besteht zum größten Teil aus religiösen Juden.

ten. Anschließend werde man Land enteignen für militärisches Übungsgelände und Militäreinrichtungen. Diese Gebiete würden kontrolliert von paramilitärischen Siedlern mit Bezeichnungen wie Zedern und Führer, um Übergriffe der örtlichen Fellahin auf die abgeschirmten militärischen Gebiete zu verhindern. Diese Siedlungen würden sich dadurch am Leben erhalten, daß sie Kirschen zum Export anbauen würden, und falls man sie den zivilen Behörden unterstellen sollte, würden sie vom Ski-Tourismus auf den schneebedeckten Bergen des Libanon leben. Die zentralistische Vereinigte Kibbuzbewegung würde sich zunächst dagegen stemmen, Kibbuzim nördlich der allgemein anerkannten Grenze zu errichten, der »Katjuscha-Reichweite« am Litani. Die Ha Shomer Hatzair Kibbuzbewegung wäre damit einverstanden, lediglich innerhalb einer »kosmetischen Entfernung« von einigen hundert Metern von der alten Grenze Ansiedlungen zuzulassen. In den ersten Jahren würden nur Anhänger von Gush Emunim sich nördlich des Litani ansiedeln. Das Rabbinat käme zu dem Schluß, daß die Bibel uns verbietet, unser überkommenes Erbe an Nichtjuden weiterzugeben, und diese Entscheidung werde auf weitgehende Zustimmung stoßen, da dieses überkommene Erbe zugleich sehr bedeutend sei für die Verteidigung, zudem strategisch sehr wichtig und reich an Wasser und kultivierbarem Land, das nach und nach enteignet würde. Davon einmal abgesehen werde man sagen, niemand außer uns habe ein historisches Recht auf den Libanon, der ja schließlich ein künstliches Geschöpf des französischen Imperialismus sei, und wenn man schon einmal dabei sei, gäbe es ja letztlich nicht so etwas wie ein libanesisches Volk: den Libanon gäbe es ja schon in Syrien. Und die Araber hätten doch schon genügend Territorium, und wenn es ihnen nicht gefiele, könnten sie es aufgeben und in ihre eigenen Länder zurückkehren. Das alles würde letztlich dazu führen, daß in zwanzig Jahren die Rechte sich weigern würde, auch nur einen Zentimeter aufzugeben, während die Linke mit ihrer ausgewogenen, realistischen Meinung einen territorialen Kompromiß vorschlagen werde: Annektiert nur das Gebiet bis zum Litani und gebt den Rest gegen einen echten, stabilen und dauerhaften Frieden mit entsprechenden Sicherheitsvorkehrungen zurück. Genauso wird es kommen.

Die Ausführungen des jungen Mannes verursachten Gelächter unter den Zuhörern. Viele waren der Meinung, er übertreibe ein wenig.

(Vier Monate später sollte einem Regierungssprecher ein Versprecher unterlaufen, der Bände sprach: »Die israelischen Verteidigungskräfte werden sich erst aus dem Libanon zurückziehen, wenn die syrische Armee sich ebenfalls aus Syrien zurückziehen wird.« Unter dem an Dostojewski erinnernden Titel »Schuld und Sühne« sollte Rabbi Dov Lior bald in der Zeitschrift *B'nai Akiva* einen Artikel veröffentlichen, worin er behauptete, der Libanonkrieg sei eine Strafe des Himmels für »die Sünde, die Halbinsel Sinai den Ägyptern übergeben zu haben«, zugleich aber sei es der Beginn der Erlösung, denn wir hätten das Land der Zedern befreit, das – gemäß der Bibel – Erbteil der Kinder Israels sei, die aus Ägypten ausgezogen seien. Man habe uns seit den Tagen von Joshua, dem Sohn Nuns, aufgetragen, das Land zu erobern, seien aber bislang damit ein wenig in Verzug geraten.)

Gegen Abend fuhren M. und ich von der Konferenz im Kibbuz Ma'ayan Tsvi nach Hause. Als es dämmerte, hatten wir fast 150 Panzer auf Tiefladern, die nach Norden fuhren, gezählt. Das Autoradio überschwemmte uns mit nostalgischen hebräischen Melodien, nicht etwa Marschmusik, die man anderswo am Vorabend eines Krieges spielt, sondern Soul-Melodien, voller Zauber und Sehnsucht: »Wir zwei aus derselben Heimatstadt«, »Oh, die weite, freie Straße«, »Nacht der Rosen«, »Ich ertrage den Schmerz der Stille«.

Welche alten Stammesstrukturen sollten diese Melodien ansprechen? Was wollte sich der Stamm zuflüstern in den wenigen kostbaren Stunden, die noch blieben, bis man sich aufmachen würde, um den Libanon unter verlogenen und selbstgerechten Vorwänden zu überrollen? Welche Gefühle sollten diese satten Lieder wecken – oder sollten sie uns zum Schweigen bringen? Vielleicht sollten sie dies Gefühl bezwecken: Wir sind ein schönes, sanftmütiges Volk, gerecht, rein und sensibel, ohne jegliche Beziehung zu unseren Taten; man wird uns vergeben, denn unsere reinen, poetischen Herzen wissen nichts von dem Schmutz an unseren Händen; der abendliche Rosenduft wird den Gestank der Leichname parfümieren, die sich zu Hunderten und Tausenden in den kommenden Tagen anhäufen werden.

Die Hände sind die Hände Begins, und die Stimme ist die Stimme des Volkschors des Kibbuz Geveatron.

Da der Sabbat ohne einen Sturm von PLO-Geschossen auf die Dörfer in Galiläa angefangen hatte und vorübergegangen war, schickte man am Samstagabend die Luftwaffe zu einem weiteren Bombenangriff auf den Libanon los. Natürlich wollte Israel die Zurückhaltung der PLO nicht hinnehmen und Arafats Entscheidung, Ruhe zu bewahren, nicht ertragen. Und tatsächlich erfolgten, wie die Architekten dieses Krieges es sich erhofft hatten, die Sperrfeuer auf Galiläa in der Nacht von Samstag auf Sonntag. Die meisten Granaten gingen diesmal irgendwo zwischen den Dörfern und nicht auf die Dörfer nieder. Lediglich ein Mensch wurde verwundet und nahezu kein Sachschaden verursacht, so jedenfalls hieß es in der offiziellen Meldung, die diesmal einen leicht enttäuschten Unterton zu haben schien. Der PLO-Sprecher wieder sagte etwas von einem »Warnschuß«.

Am selben Abend wurden weitere Reservisten aus dem

Kibbuz Hulda einberufen. Beim frühen Morgenkaffee im Speisesaal bemerkten die lokalen Auguren, »daß es jetzt zum Endkampf käme«. H. hielt mich in der Nähe des Waschhauses an. Sie war hochschwanger und sagte mir, ihr Mann sei bei Tagesanbruch einberufen worden. Dann brach sie in Tränen aus. In meiner großen Klugheit sagte ich ihr mit Autorität in der Stimme, daß schon alles gut ausgehen würde und in wenigen Tagen vorüber sei.

Am Nachmittag überquerten mehrere israelische Militärformationen auf verschiedenen Hauptrouten die libanesische Grenze. Danach setzte man eine Einsatztruppe nördlich von Sidon an Land, um die feindlichen Routen zu blockieren und vielleicht auch, um Rückzugswege abzuschneiden. In der Nacht vom 7. auf den 8. Juni erlangten israelische Kräfte die Kontrolle über die 45 Kilometer breite Zone zwischen der internationalen Grenze und der Linie Sidon–Jezzin, jene Zone, die der Regierungssprecher anfangs als Ziel der »Operation« bezeichnet hatte. Eine weitere Woche dauerten in dieser Zone schwere Gefechte mit PLO-Truppen, wozu auch kleine Jungen gehörten, die RPG-Bazookas trugen, und die zum größten Teil in den Flüchtlingslagern zwischen Tyrus und Sidon in Stellung gingen. Die gesamte Bevölkerung von Sidon – Männer, Frauen und Kinder – erhielt den Befehl, ihre Häuser zu verlassen und sich am Meer einzufinden. Nun kamen, Welle auf Welle, Luftwaffenbomber, um die Geschützstellungen in den Flüchtlingslagern von Rashidiyeh und Ein-al-Hilwah und Sidon selbst zu bombardieren. Ärgerlicherweise befanden sich nun aber die Stellungen inmitten der dichtbesiedelten Seitenstraßen, und so kamen Tausende ums Leben oder wurden verwundet (»Na ja, wer hat denn auch diesen Scheißtypen gesagt, sie sollten sich hinter alten Frauen und Kindern verstecken?«).

Der offizielle Sprecher verwendete die verlogene Bezeichnung »Frieden für Galiläa« (man kann keinen Krieg, auch keinen berechtigten Verteidigungskrieg, »Frieden« nennen). Man sprach viel von »unschuldigen Frauen und Kindern« – in den Dörfern im Norden Israels. (Die Frauen und Kinder der anderen Seite sind nicht unschuldig, und Männer sind natürlich überhaupt niemals »unschuldig«.) Man sprach von unerträglichen Provokationen (obwohl es in dem Jahr vor dem Krieg in einem nie gekannten Maße ruhig gewesen war). Man sprach von der »aufgeklärten Weltöffentlichkeit« (aus der dann sehr rasch die »scheinheilige Welt« wurde). Man sprach von »begrenzten Zielen, die bislang nahezu gänzlich erreicht worden sind« (während die israelischen Kräfte den Befehl erhalten hatten, die syrische Armee in Gefechte zu verwickeln und sie in den Krieg hineinzuziehen). Zwischen diesen Beispielen von »Neusprache« parfümierte das Radio den Äther ständig mit »Der Duft des Apfels, das Rot der Rose«, »Die vergessene Melodie kehrt zurück«, »Laß es ruhen, laß es ruhen, wir bitten nur darum, laß es ruhen«, »Würden doch alle Liebenden« und mit einem neuen Lied »Reiß nicht den Setzling aus«. Hinter dem verlogenen Vorhang aus Volksliedern und Selbstgerechtigkeit wurde die Entscheidung gefällt, den Krieg auszuweiten. Die israelischen Streitkräfte, die das Schuf-Gebirge erreicht hatten und denen die einheimische Bevölkerung applaudierte und sie mit Reis überschüttete, erhielten nun den Befehl, bis zur Autobahn Beirut–Damaskus vorzurücken und sich dort mit unseren christlichen Brüdern zu verbinden, die in Erwartung ihrer Befreiung emsig mit der Vorbereitung von königlichen Banketten für uns beschäftigt waren. Die Entscheidung wurde, wie es schien, am 8. Juni getroffen, vielleicht auch schon viel früher – wenn sie nicht überhaupt Teil des ursprünglichen Plans einer kalkulierten Falschinformation gewesen war. Am selben Tag wurden die syrischen Kräfte bei Jezzin überrannt; Syrien begriff endlich die Botschaft und trat in den Krieg ein.

Es war ein Krieg der Täuschung und der Gehirnwäsche, dessen wahre Ziele der Nation, den Soldaten, der Knesset und dem größten Teil des Kabinetts verheimlicht worden waren. Unter dem Vorwand von Frieden für Galiläa wollte Begin den korrupten Djemayyil-Clan als Herrscher über den Libanon einsetzen und den Libanon zu einem Mandatstaat Israels machen (»Ja und? Warum darf Breschnew das? Warum darf Assad das?«). Er wollte die syrische Armee schwächen, obwohl sie Israel nicht provoziert und keinen einzigen Israeli in den acht Jahren seit der Unterzeichnung der syrisch-israelischen Vereinbarung nach dem Yom Kippur-Krieg getötet hatte. Er wollte der westlichen Welt (»den Undankbaren!«) einen Gefallen erweisen und die PLO erledigen und damit, wie diese Neunmalneunklugen es sahen, das Palästinenserproblem lösen. Er würde, wie der Generalstabschef Generalleutnant Eitan es formulierte, »den Krieg um das Land Israel« gewinnen (mit anderen Worten, um die von uns während des Sechstagekriegs besetzten Gebiete) und womöglich das Durcheinander im Nahen Osten ein für allemal beenden. Die Geschichtsschreiber sollten davon Kenntnis nehmen, daß die Juden im Gegensatz zur christlichen Welt, die sich taub gestellt hatte, als man die Juden abschlachtete, sich nicht abgewendet hätten, sondern ihren christlichen Brüdern im Libanon zu Hilfe gekommen seien (um sie aus der furchtbaren Situation, in die sie sich selbst hineinmanövriert hätten, zu befreien). Man wies somit den korrupten christlichen Phalangisten, dieser faschistisch inspirierten Bewegung, die Rolle des süßen, unschuldigen Rotkäppchens zu. Begin übernahm die Rolle des edlen Försters, der Rotkäppchen aus dem Maul des islamischen Wolfs befreit, wenn er sich nicht sogar als den letzten Kreuzfahrer sah.

Menachem Begins Reden in diesem Krieg nach zu urteilen, marschierte er in den Libanon ein, um einen globalen Krieg gegen die Feinde Israels, von Amalek über Chmelnicki bis Hitler, zu führen: eine furchteinflößende Vergeltung für alle Leiden der Juden. Ein für allemal.

»Wir lieben dich, kostbare Heimat / in Freuden, im Lied und bei der Arbeit / von den Hängen des Libanon bis zu den Ufern des Toten Meers / werden wir deine Felder mit dem Pflug bestellen...« Am 9. Juni setzte die israelische Luftwaffe buchstäblich alle Boden-Luft-Raketen außer Gefecht, die die Syrer in der Bekaa-Ebene (ohne uns um Erlaubnis zu fragen!) installiert hatten. Am selben Tag wurden 29 syrische Flugzeuge im Luftkampf abgeschossen, während sämtliche israelischen Jäger unbeschädigt zu ihren Stützpunkten zurückkehrten. Am darauffolgenden Tag wurden die syrischen Kräfte in der Nähe des Karunsees geschlagen, und die erste syrische Division wurde in einem schweren Panzergefecht aufgerieben. In der Nacht vom 10. auf den 11. Juni erreichte eine israelische Angriffsspitze die Autobahn Beirut–Damaskus. Die libanesische Hauptstadt war abgeschnitten. (Man erzählte nur, daß in den Marschplänen der israelischen Verteidigungskräfte das Codewort für Beirut »Bar-Lev« lautete, was nicht nur der Name von Chaim Bar-Lev, dem stellvertretenden Stabschef der israelischen Armee im Sechstagekrieg, ist, sondern die hebräischen Anfangsbuchstaben von Birat Levanon – die Hauptstadt des Libanon – darstellt.) 15 000 syrische Soldaten und PLO-Kämpfer wurden eingeschlossen in dem, was Arafat später als »Stalingrad der Palästinenser« verherrlichen sollte.

Am späten Abend kam Y. zu mir herüber. »Siehst du?« sagte er. »Wir haben ihnen ordentlich fix eins reingewürgt.« »Das geht nicht gut aus«, sagte ich. Ich wußte nicht, was ich ihm sonst hätte sagen können. »Fängst du schon wieder damit an?« sagte Y. »Du solltest besser den Mut haben, einen

Artikel an *Davar* zu schicken, deine Lieblingszeitung, und all die düsteren Prophezeiungen, die du in den letzten Tagen von dir gegeben hast, abdrucken. Du machst dich doch zum Narren.«

Dann kam am 11. Juni der Waffenstillstand, der keiner war. Und darauf folgten die Schlachten von Aley, Bachamdun und Baabdeh, und der Galerie Semaine-Platz, duftend vor Parties und feinsten Banketten, die die christlichen Phalangisten (als ihren Beitrag zu ihrer eigenen Befreiung) zu Ehren der Offiziere der israelischen Streitkräfte und der Delegationen israelischer Würdenträger gaben. Darauf folgte zwei Monate lang die grausame Belagerung der Stadt Beirut, mitsamt den massiven Granatangriffen der benachbarten Wohngebiete, wodurch die Elektrizitäts- und Wasserzufuhr unterbrochen wurde. In Israel vertiefte sich inzwischen die Kluft zwischen den Befürwortern des Krieges und seinen Kritikern, die ihren Protest gegen den Krieg in der Öffentlichkeit zeigten. Selbst unter den Soldaten war man unterschiedlicher Meinung, und viele begriffen, daß sie Opfer einer zynischen Lüge geworden waren, daß man sie benutzte, um Ziele zu erreichen, die sich niemand zu Beginn der »Operation« hatte vorstellen können. Hochrangige Offiziere kritisierten den Plan einer Invasion West-Beiruts. Oberst Eli Geva wurde abgelöst und aus der Armee entlassen, weil er sich geweigert hatte, sich als Kommandeur an einer Operation, die er für gewissenlos hielt, zu beteiligen. Die öffentliche Meinung des Westens zum israelischen Kreuzzug, »um die Christen im Libanon zu retten«, war alles andere als enthusiastisch. Die harte Kritik an der militärischen Operation eskalierte rasch zur beißenden Kritik an Israel und am Zionismus allgemein, mit immer unverhohleneren antisemitischen Untertönen.

Am 21. August wurden in Übereinstimmung mit einer Vereinbarung, die mit amerikanischer Hilfe zustande gekommen war, die belagerten syrischen und PLO-Kräfte aus West-Beirut evakuiert. An ihre Stelle sollte in der Stadt eine multinationale Truppe treten. Zwei Tage später wurde Beschir Djemayyil durch das Votum eines von israelischen Panzern umgebenen Scheinparlaments zum Präsidenten des Libanon gewählt. Innerhalb von drei Wochen wurde Djemayyil von syrischen Agenten ermordet, und die israelischen Streitkräfte übernahmen rasch die Kontrolle von West-Beirut. In Absprache mit den israelischen Streitkräften machten sich die heroischen Phalangisten, die bis dahin auch nicht einen Finger gekrümmt hatten, um irgend jemanden »außer den Christen« zu helfen, an die Aufgabe, die palästinensischen Flüchtlingslager der Stadt zu »reinigen«. In Hörweite der israelischen Stellungen schlachteten die illustren Phalangistenhelden von Eli Hubeike und seinen Kohorten unter der Leuchtmunition der israelischen Armee Männer, Frauen und Kinder in den Lagern von Schatilla und Sabra ab.* »Diesmal haben sich die Phalangisten überschlagen«, sagte Stabschef Eitan ohne weitere Erläuterungen. Reden ist Silber…

Dann verschwanden wie durch einen Befehl von oben plötzlich aus allen Radiosendern die zauberhaften hebräischen Melodien. Die israelische Nachtigall schien verstummt zu sein. Im Lande waren andere Singvögel zu hören, so auch die Granatexplosion, die den »Frieden jetzt«-Demonstranten Emil Grunzweig tötete und einige seiner Freunde auf dem Platz vor Begins Amtssitz verwundete.

Und dann begann der Rückzug aus dem Libanon und in seinem Gefolge ein Gedächtnisverlust. Onkel Scharon wurde zum Rücktritt gezwungen, Onkel Raful, der Stabs-

---

* 1982 wurden in den Flüchtlingslagern von Schatilla und Sabra am südlichen Rand von Beirut 800 palästinensische Zivilisten von libanesischen Kräften der Phalangisten ermordet. Der weltweite Aufschrei, der darauf erfolgte, beschuldigte Israel, den Phalangisten erlaubt zu haben, die Lager zu betreten.

chef, ging fort, und Opa Begin zog sich in seinen Herzenswinkel zurück. Der gesamte Libanonkrieg wurde in die Keller kollektiven Vergessens verabschiedet. Etwa 700 Soldaten hatten ihr Leben gelassen, zusammen mit den Tausenden auf seiten des Feindes. Ihr Leben gelassen hatten auch, wie es heißt, mehr als 10000 Zivilisten, »Unschuldige« selbst nach dem Wortgebrauch derer, die dem Verbrechen Vorschub geleistet hatten.

Und bald darauf begannen wir, diese Melodien wieder zu spielen – »Wie soll ich preisen«, »Er wird uns bringen« und »Könnten doch Knospen sprechen«.

Es ist an der Zeit, zum Anfang zurückzukehren – zum Beginn des Krieges. Zu einem Bild von Menachem Begin, wie er blaß, auf einen Stock gestützt, dasteht, umgeben von seinen Generälen und Beratern, auf dem Turm des eingenommenen Beaufort, der alten Kreuzfahrerburg im südlichen Libanon. Das Blut der in der Nacht zuvor im Kampf Gefallenen ist noch nicht unter seinen Sohlen getrocknet, doch dieser Mann steht da, »erschöpft, aber glücklich«. Glücklich? Schadenfroh und arrogant ist er und sagt mit krächzender Stimme, diese »bedeutende« Bastion sei »ohne Verluste« eingenommen worden. Und mit väterlicher Befriedigung fragt er einen der verblüfften Soldaten: »Was war früher da drüben? Maschinengewehre?« Dann »übergibt« er, als wäre er in der Rolle eines biblischen Königs in einem Schinken von Cecil B. De Mille, Beaufort den Heeren von Major Haddad.

Damit begann die neue Ära: König Salomon übergab Hiram, dem König von Tyrus, »50 Städte« als Geschenk; Israel verteilte Lehen an seine Vasallen.

Das war erst das Vorspiel. Wenige Tage später erschien der Premierminister im Fernsehen und ritt erheitert und sarkastisch eine verbale Attacke gegen alle nichtjüdischen Heuchler (»Schaut euch doch an, wer es da wagt, uns Moral zu lehren!«). Er trampelte auf der Opposition gegen ihn im Lande herum, beförderte Arafat in den Rang eines neuen Hitler, um aus ihm im nächsten Atemzug eine zweibeinige Bestie mit »Haaren im Gesicht« zu machen, und führte den Zuschauern einen »historischen« Vergleich vor Augen, wobei er »Hannibal, der die Römer auf einer Flanke angegriffen« habe, mit seinen ihm ergebenen Truppen verglich, die dagegen »auf beiden Flanken den Feind angegriffen« hätten. Was seine Worte nicht verrieten, stand ihm ins Gesicht geschrieben: Er war selbstgefällig. Für ihn schien der Krieg ein Spielzeug zu sein, das man ihm nach langer, frustrierender Wartezeit, die vielleicht schon in seiner Jugend begonnen hatte, endlich geschenkt hatte. Kämpferisch, kleinlich, voller Rache gegen seine Opponenten und ohne jedes Gefühl für die Schrecken des Krieges, richtete er seinen Haß gegen die »nichtjüdische Welt«. Dieser Haß resultierte aus einem Unterlegenheitsgefühl, das nun in der Pose sarkastischer Überlegenheit daherkam. »Und jetzt«, versprach er uns voller Glück, »wird in diesem Land 40 Jahre Frieden herrschen.«

Wie das Schicksal es wollte, wurde Begin einige Monate später selbst zu einem Menschen mit »Haaren im Gesicht«. Man bat die Photographen, taktvoll zu sein und ihn nicht mit seinem Trauerbart zu photographieren, den er sich nach dem Tod seiner Frau, der religiösen Sitte entsprechend, hatte wachsen lassen; später war es dann der Bart, den er sich wachsen ließ, weil er von einer Hautkrankheit geplagt wurde. Manche sagten, er werde auch von Gewissensbissen geplagt.

Aber warum gebe ich mich mit Begin ab? Soll er doch ein wenig Frieden in seiner Abgeschiedenheit finden. Wir werden ihm keine weiteren Leiden zufügen. Die Schuld am Libanonkrieg liegt nicht nur bei Begin und gewiß nicht bei Eitan und Scharon, die seine Befehle ausführten (bzw. seine

Befehle und dann einige andere). Wir müssen uns zähneknirschend eingestehen, daß dieser Krieg ein Krieg des Volkes war. Das Volk wollte ihn und hat ihn (jedenfalls zum größten Teil) unterstützt, hat sich daran ergötzt und hat jene Handvoll Kriegsgegner gehaßt. So war es zumindest, bis der Krieg »steckenblieb«; von da an vergaß das gute Volk den Krieg und seine Toten einfach.

Aber wer ist denn »das Volk« in diesem Fall? Wir können doch nicht die Verantwortung für all das Blutvergießen den ekstatischen Massen zuschreiben, die »Begin! Begin!« geschrien haben. Viele von ihnen haben den Krieg gefeiert und ihren Haß in jede Richtung gespuckt, aber nicht sie waren es, die ihn begonnen und zugelassen haben, daß er weiterging. Die Arbeiterpartei und die Shinui-Partei der Mitte (Demokratische Partei für Wandel) sowie einige Mitglieder des pazifistischen linken Flügels der Knesset stimmten entweder mit der Regierung oder enthielten sich während des Mißtrauensvotums bei Kriegsausbruch der Stimme. M. K. Imri Ron von der linken Mapam wurde in Uniform und mit seinen Offizierszeichen photographiert, wie er seine Partei beschwor, den Krieg zu unterstützen und nicht den Volkszorn zu schüren. Motta Gur von der Arbeiterpartei meldete sich freiwillig als inoffizieller Berater Scharons. Und der Führer der Arbeiterpartei, Jizchak Rabin, empfahl, »die Belagerung Beiruts zu verschärfen«. So sprachen die Abgeordneten des aufgeklärten Israel, des Landes der Volkslieder der Pioniere. Und selbst die Abendzeitung *Ma'ariv* veröffentlichte einen politischen Cartoon, der die israelische Armee zeigte, wie sie winzig, aber unnachgiebig ganz allein mit einem wilden, haarigen Terroristenriesen, der bis zu den Zähnen bewaffnet ist, konfrontiert ist, während der tapferen israelischen Armee ein Messer in den Rücken gestoßen wird, das in der Hand von »Frieden jetzt« ist.

In Tel Aviv und den Entwicklungsstädten, in den Kibbuzim ebenso wie in Jounieh, dem christlichen Vorort von Beirut, starben die Menschen, und die Schwimmer badeten im Meer, die Geschäftsleute gingen ihren Geschäften nach, und die Urlauber machten ihre Kompaktreisen nach Skandinavien und waren natürlich rechtzeitig zum Schulanfang ihrer Kinder wieder zu Hause. Das Geheul der Luftschutzsirenen hörte niemand und konnte niemand hören. Niemand rannte in die Luftschutzbunker (außer, in den ersten beiden Nächten, die israelischen Bewohner an der Nordgrenze). Die Zeitungen waren voll von libanesischen Kirschen, Todesanzeigen, Kritiken von Beiruter Restaurants, Nachtclub-Programmen in den christlichen Enklaven und Freudenrufen. Man zeigte ohne Ende Fernsehbilder von erfreuten libanesischen Zivilisten, die die israelischen Militärkonvois mit wahren Güssen von Reis willkommen hießen, und gerade mal eine Handvoll »linksgerichteter« Bilder von brennenden Städten, verstümmelten Kindern und weinenden Frauen. (»Man ist dort derartige Sachen gewöhnt«, hieß es in mehreren Zeitungen. »Dort oben im Libanon gehört das Gemetzel zur Tagesordnung.«)

Und im Radio tauchte man alles ins Öl idyllischer Nostalgie, während Begin und seine Freunde die Gräßlichkeiten als eine Art neurotische Mischung verkauften: eine Mischung aus erneutem Eichmann-Prozeß (mit Arafat, wenn und falls man ihn in die Hände bekäme, in der Hauptrolle), erweiterter Neuauflage des Sinai-Feldzugs (mit Israel als Geißel der westlichen Welt), Nazi-Berlin bei Kriegsende (mit Arafats Bunker anstelle von Hitlers Bunker), aus »Der Sechstagekrieg geht weiter« (bis hin zum »poetischen« Aspekt der identischen Daten), gekrönt noch von der Idee, »das Trauma des Jom Kippur-Kriegs zu heilen« (um die Worte des Großen Traumatiseurs zu verwenden).

Das ging so, bis die BBC von dem Gemetzel berichtete,

das die Phalangisten im Licht unserer Suchscheinwerfer in Schatilla und Sabra angerichtet hatten. Bis Emil Grunzweig von einer Handgranate ermordet wurde, die gegen alle Gegner dieses Krieges gerichtet war. Mit dieser Granate schloß sich ein Kreis: Jerusalem war losgegangen, um in Beirut aufzuräumen, und nun hatte Beirut das Herz Jerusalems erreicht, um Jerusalem in ein Beirut zu verwandeln.

Zu keinem einzigen Volkslied gab der Libanonkrieg Anlaß außer »Von jetzt an landen Flugzeuge / die uns in den Libanon bringen / für Sharon werden wir kämpfen / und in engen Särgen zurückkommen« – das haben defätistische Soldaten verfaßt, die sich selbst das Messer in den Rücken gestoßen haben. Vielleicht wäre es angemessen gewesen, die Gedichte der Verzweiflung, des Zorns und des Verlusts, die damals von jungen und alten israelischen Dichtern geschrieben wurden, zu vertonen, oder die Elegien, die Raya Harnik für ihren Sohn Goni verfaßte, einem Aktiven der »Frieden jetzt«-Bewegung, der bei Beaufort gefallen ist, und sie dann in den hebräischen Hitparaden zu spielen. Aber nicht doch, die idyllischen hebräischen Melodien wären nicht in der Lage gewesen, sich ihnen anzuverwandeln. Und so hätten sie dann keinen Platz selbst zwischen solchen Elegien an Helden vergangener Kriege wie »Ein Palmachnik namens Dudu«, »Auf der Negev-Ebene fiel ein tapferer Soldat«, »Nimm, Ephraimhügel, dieses neue, junge Opfer an«.

Es würde keine weiteren Lieder vom »Bitteren und Süßen« geben, nur vom Bitteren und Eiligen.

Sieben Jahre sind seitdem vergangen. Ich habe versucht, meine innere Entfremdung jener Tage durch verschiedene Aspekte von Dabeisein, Engagement, Eingaben und öffentlichen Stellungnahmen zu ersetzen.

Manchmal vergesse ich das eine oder andere, und ich versuche mir einzureden, daß das »Volk« etwas begriffen hat, daß es auf unangenehme Weise die Grenzen der Macht kennengelernt hat, daß eine auf Gewalt ausgerichtete Haltung zu wenig führt. Hin und wieder denke ich, daß »es« nicht noch einmal passieren kann.

Vielleicht.

Aber zu den Opfern des Libanonkriegs zählte auch »das Land Israel, klein und tapfer, entschlossen und rechtschaffen«. Es starb im Libanonkrieg vielleicht gerade, weil es damals nicht mit dem Rücken zur Wand stand. *Es selbst* war die Wand, und die *anderen*, die Palästinenser im Libanon, standen mit dem Rücken zur Wand. Hinter der Märchenfassade von den Zöpfen und vom Schürzchen kamen die Wolfspfoten hervor. Wie sie überhaupt Tag für Tag zum Vorschein kommen: nicht nur in den besetzten Gebieten, auch im »guten alten Israel«, in den Vorstädten wie in den Innenstädten, in den verrückten Außenbezirken ebenso wie in den aufgeklärten, gesunden Zentren, in den Slums und in den Universitäten, unter den Heißspornen wie unter den Intellektuellen und im Inneren der Machtkorridore.

Nach dem Libanonkrieg können wir das Ungeheuer nicht mehr ignorieren, selbst dann nicht, wenn es schläft oder im Halbschlaf liegt oder hinter den Rändern des Wahnsinns hervorlugt. Nach dem Libanonkrieg können wir uns nicht mehr vormachen, das Ungeheuer halte sich nur im Büro von Meir Kahane auf, auf der Ranch von General Scharon, in Rafuls Tischlerwerkstatt, in den jüdischen Siedlungen der West-Bank. Es schlummert buchstäblich überall, sogar in der Volksliedseele unserer aller Legenden. Wir haben es nicht zusammen mit der Hisbollah* im Libanon zurückgelassen. Es ist hier, unter uns, ein Teil von uns, wie ein Schatten, in Hebron, im Gaza-Streifen, in den Slums

---

* Die Hisbollah ist eine militante, bewaffnete schiitische Gruppe im Libanon, die vom Iran unterstützt wird.

und Vorstädten, in den Kibbuzim und in meinem Kinneretsee – »Oh, mein Kinneretsee, gab es dich wirklich oder
warst du nur ein Traum?...«

Was man getan hat – ob nur einmal im Leben, in einem
Anfall von Dummheit oder in einem Wutausbruch –, was
man zu tun fähig war – selbst wenn man es vergessen hat
oder vorgezogen hat, zu vergessen, wie und warum man es
getan hat –, was man getan und bitter bereut hat, tut man
vielleicht niemals mehr. Aber man ist fähig, es wieder zu
tun. Man tut es vielleicht doch wieder. Es liegt zusammen-
gerollt im Inneren.

Eine Belagerung in der Belagerung*

In memoriam Emil Grunzweig

Vor einer Woche wurde an diesem Ort unser Freund Emil Grunzweig ermordet. Noch wissen wir nicht, wer ihn ermordet und zugleich versucht hat, viele unserer Freunde zu töten. Aber wir wissen, daß Emil gestorben ist, weil er die Freiheit, den Frieden, die Gerechtigkeit, Israel und das Leben selbst liebte.

Leben und Frieden, Gerechtigkeit und Freiheit werden zur Zeit, wie Israel selbst, belagert. Diese Belagerung ist aufgrund des brutalen Krieges im Libanon weder beendet noch gelockert worden. Sie ist im Gegenteil zunehmend verschärft und intensiviert worden; es ist eine Belagerung in der Belagerung. Emil lebte, kämpfte und starb im Teufelskreis von Haß und Gewalt. Und er bezahlte mit seinem Leben dafür, daß er diesen Teufelskreis aufbrechen wollte.

Die zionistische Bewegung und der Staat Israel entstanden aus einem in der Geschichte wohl beispiellosen wunderbaren Traum und einer großen Hoffnung: man wollte in das Land unserer Vorfahren heimkehren, es in Frieden aufbauen und von ihm mit aufgebaut werden und in diesem Land eine gerechte, aufgeklärte Gesellschaft begründen, die die in uns verborgenen schöpferischen Kräfte freisetzen und unseren Nachbarn wie der gesamten Welt Licht bringen sollte.

Die drei Generationen während brutale Belagerung durch die Araber und 15 Jahre der korrumpierenden Besetzung der arabischen Zonen haben dazu beigetragen, uns mit

* Bemerkungen auf einer »Frieden jetzt«-Sternfahrt am 17. Februar 1983, am Abend des siebten Trauertages, nachdem Emil Grunzweig ermordet worden war.

Furcht zu erfüllen: Furcht vor den Arabern, vor der übrigen Welt, vor dem Frieden selbst.

Diese Furcht hat sich allmählich in Fanatismus und Hysterie verwandelt, die sich ironischerweise gegen jene unter uns richtet, die sich bemühen, das Volk aus dem Teufelskreis von Haß und Furcht zu befreien, gegen diejenigen, die auf den Schlachtfeldern gekämpft haben und von dort zurückgekehrt sind, um für den Frieden zu kämpfen.

Emil hat auf dem Schlachtfeld gegen die Feinde Israels gekämpft, aber er ist durch die Hand ganz anderer Feinde gefallen: Feinde der Freiheit, des Gesetzes und der Gerechtigkeit, Feinde des Friedens.

Noch wissen wir nicht, wessen Hände sein Blut vergossen haben. Aber wir wissen: Wer immer Emil ermordet hat, hat versucht, eine Idee und einen Glauben zu morden. Und wir wissen, daß die Tat die Idee nur gestärkt und das Engagement nur verstärkt hat, ebenso wie sie die überwältigende Mehrheit in diesem Land schockiert hat.

Wir wissen auch, daß Slogans wie »Es gibt nur einen Weg« (das Motto von Meir Kahane und der extremen Rechten) und »Nur mit Gewalt« das zerstören können, was kein äußerer Feind wird jemals zerstören können: den Geist Israels, seine innere Kraft, sein Bild als eine tapfere, aufgeklärte, freie Nation.

Was muß denn noch, um Gottes willen, geschehen, bis wir zur Besinnung kommen? Was muß denn noch mit dieser Nation passieren, bis sie begreift, daß es eine Sünde ist, ein Verbrechen, ein Wahnsinn, alles von der Frage abhängig zu machen: Wo werden unsere Grenzen festgelegt? Was muß denn noch mit dieser Nation passieren, bis uns allen klar wird, daß sich eine Nation selbst innerhalb vergrößerter, erweiterter Grenzen in Stücke sprengen kann? Was muß denn noch passieren, bis wir verstehen, daß wir in diesem übertriebenen Wahn, unsere Grenzen zu erweitern, schon beinahe alle Grenzen überstiegen haben? Was muß denn noch passieren, bis wir entdecken, daß eine Nation nur durch Frieden eins wird und sich erholt von der Seuche der Gewalt und des Hasses und nicht dadurch, daß sie mit Waffengewalt ihren Machtbereich auf ein fremdes Volk ausdehnt?

Vor etwa zehn Tagen hat das Untersuchungskomitee seine Ergebnisse hinsichtlich des Massakers von Sabra und Shatilla bekanntgegeben. Und wie von einem Blitz erleuchtet haben wir gesehen, wie sich zwei Seelen in der israelischen Brust stritten: eine humane, das Erbe der moralischen Tradition der Propheten und der jüdisch-zionistischen Vision von Gerechtigkeit; und eine andere, die ich hier heute abend nicht näher beschreiben will. Wie auch immer die Zukunft unserer gegenwärtigen Regierung aussehen mag, ich bin der Meinung, daß der Bericht dieser Kommission wie ein Leuchtzeichen in der uns umgebenden dunklen Nacht weiterscheinen wird. Denn dieser Bericht ist ein Dokument, das den Kern der ganzen Auseinandersetzung offenlegt: Soll die Gerechtigkeit siegen oder soll sie von einer Handgranate zerschmettert werden?

Das hier vor einer Woche begangene Verbrechen ist nicht nur eine Tragödie für eine Familie, für eine Gruppe oder die »Frieden jetzt«-Bewegung; es ist eine schockierende Tragödie für die gesamte Nation. Diesmal haben viele Menschen, darunter auch manche, die uns ideologisch fernstehen, ihrer Bestürzung Ausdruck verliehen. Wollen wir für einen Augenblick die angestaute Verbitterung und den Zweifel zum Schweigen bringen, die unser Herz umklammern, und mit all unserer Kraft glauben, daß jeder, der Trauer und Bestürzung gezeigt hat, auch wirklich bestürzt gewesen ist. Wollen wir uns alle ungeachtet unserer unterschiedlichen Standpunkte im höchsten Maße anstrengen, eine eindringliche nationale Debatte zu führen, ohne daß hieraus wieder Haß entsteht.

Wir wollen von diesem Ort aus drei Mahnungen aussprechen: an unseren palästinensischen Feind, an unsere israelischen Gegner im Lager der Falken und schließlich an jene in unserem eigenen Volk, die unsere Ansichten teilen.

Zunächst einige Worte an das palästinensische Volk. Jahrzehntelang hat der Weg des Terrors und der Gewalt, des Extremismus und der Zerstörung euch eine Tragödie nach der anderen beschert. Euer Haß hat immer neuen Haß hervorgebracht. Euer Extremismus hat unter uns nur entgegengesetzten Extremismus hervorgerufen. Und wir alle, ihr wie auch wir, haben mehr als genug Blutzoll entrichtet. Unser Freund Emil hat auf dem Schlachtfeld gegen euch gekämpft, und nach Hause zurückgekehrt hat er bis zum letzten Atemzug für eine Aussöhnung mit euch gefochten. Da wir an dem Ort stehen, wo sein Blut vergossen wurde, rufen wir euch Palästinenser auf, ohne Zögern den Weg der Versöhnung und des Kompromisses einzuschlagen. Antwortet unmittelbar auf unseren Ruf »Frieden jetzt« mit denselben beiden Worten: »Frieden jetzt«.

Zum zweiten, einige Sätze an jene Israelis, die mit unseren Überzeugungen nicht übereinstimmen, Menschen, die hoffentlich die Unversehrtheit Groß-Israels und auch ein oder zwei andere Unversehrtheiten schätzen. Wir rufen euch auf, eure Position zu überdenken, euch zu fragen, ob es richtig, passend und sogar lohnend ist, um eures Ziels der territorialen Expansion willen die Nation in Stücke zu reißen? Was hat dieses fremde Feuer, das ihr entfacht habt, über uns gebracht? In welche Abgründe wird uns der Weg, den ihr gewählt habt, noch führen? Was werdet ihr denn mit einem größeren Land Israel gewonnen haben, wenn die Seele der Nation entzweigerissen sein wird, wenn der Abgrund zwischen euch und uns alles, was mit dem Blut und dem Schweiß von vier Generationen aufgebaut wurde, zu verschlingen droht?

Und schließlich ein paar Worte an uns selbst, an alle, die hier versammelt sind, und an alle, die hier nicht anwesend sind, deren Herzen aber bei uns sind. Vor vielen Jahren haben unsere Vorfahren gesungen: »Wir sind in dies Land gekommen, um es aufzubauen und selbst dadurch aufgebaut zu werden.« Sie trachteten danach, hier, in dem wunderschönen Land unserer Väter, all ihre Hoffnungen zu verwirklichen. Sie haben darauf gehofft, hier »ein Leben der Reinheit, ein Leben der Freiheit« zu leben. Niemals werden wir diesen Traum aufgeben. Niemals werden wir versucht sein, Haß mit Haß zu beantworten, ganz gleich, woher dieser Haß auch herrühren mag. Unser Problem liegt nicht darin, wie wir noch lauter protestieren, wie wir unsere Gegner besiegen, wie wir das heimzahlen können, was nicht vergolten werden kann. Unser Problem war und ist, wie wir größere öffentliche Unterstützung gewinnen, wie wir Menschen uns näher bringen, wie wir sie von der Gerechtigkeit unserer Sache überzeugen. Und nichts davon läßt sich durch einen Wutausbruch oder durch Klagerufe erreichen, sondern nur dadurch, daß wir ehrlich, hartnäckig und voller Mut der Stimme der Vernunft, der Mäßigung und der Weisheit treu bleiben.

Ich appelliere an alle hier Anwesenden und an alle, die denken wie wir, sich nicht dem Haß zu ergeben, nicht in Verzweiflung zu verfallen. Wir müssen den Kampf fortsetzen, für den unser Freund und Kamerad Emil sein Leben hingegeben hat: den Kampf um Israels Seele.

Der Dichter John Donne hat geschrieben: »Niemand ist eine Insel... jeder ist ein Teil des Kontinents... und so lasse niemals wissen, wem die Stunde schlägt; sie schlägt dir.« Was die Granate, die hier an diesem Ort vor einer Woche geworfen wurde, angeht, so wollen wir niemals fragen, gegen wen sie gerichtet war. Sie war gegen jeden einzelnen von uns gerichtet.

Die Macht und der Zweck

Wodurch ist Israel heute im Inneren entzweit?

Manche behaupten, es gehe im Kern der Auseinandersetzung um die Frage wünschenswerter und erreichbarer Grenzen. Andere sind der Meinung, Israel erlebe gegenwärtig eine Rebellion der Sefardim – hauptsächlich derjenigen aus Nordafrika – gegen die Vorherrschaft der Aschkenasim, deren Wurzeln in Osteuropa liegen. Wiederum andere verweisen auf die sich verbreiternde Kluft zwischen religiösen und säkularisierten Juden als den Kernpunkt der Kämpfe im Inneren. Einige sehen einen Widerspruch zwischen einer Wohlfahrtsstaat-Ideologie auf der einen Seite und einer habsüchtigen, egoistischen Denkweise auf der anderen Seite bzw. zwischen einem zunehmenden Verlust an mitmenschlichen Gefühlen und einem wachsenden emotionalen Nationalismus.

Diese Spaltung besteht zweifellos. Israel ist nicht durch einen einzigen Graben in zwei gleiche Teile gespalten. Es ist von Linien durchzogen, die sich an verschiedenen Punkten überschneiden.

Ausländische Journalisten neigen manchmal aus Bequemlichkeit dazu, ein vereinfachtes Bild zu zeichnen und die Situation um eine einzige Barrikade zu gruppieren. Es ist einfacher, den Lesern von einem jüdischen Siedler der West-Bank zu berichten, der »Araber frißt« und zugleich ein entrechteter Sefardi und religiöser Eiferer ist, oder, um die Gegensätzlichkeiten klarzumachen, von einem gebildeten, weltlichen Aschkenasi, der sich für einen Kompromiß mit den Arabern und den Schutz der Rechte des einzelnen ausspricht. Zum Ärger der Journalisten und zu unserem Glück ist die Wirklichkeit nicht so einfach. Die große Mehrheit der jüdischen Siedler der West-Bank sind Aschkenasim und nicht Sefardim. Die extremsten religiösen Eiferer leben nicht auf der West-Bank und sind nicht die Speerspitze »rechter« Überzeugungen. Die meisten sefardischen Juden halten die religiösen Vorschriften nicht ein. Die Linke besteht nicht nur aus Arbeitern, und die Rechte ist eher populistisch als kapitalistisch.

Ein Bündnis von Visionen

Seit den Anfängen des modernen Zionismus vor etwa 100 Jahren existiert ein enges Bündnis von verschiedenen, sich sogar widersprechenden Visionen, das einen mal offenen, mal unterdrückten endlosen Kampf um unterschiedliche Grundsatzprogramme geführt hat. Dieses Bündnis hat trotz aller Auseinandersetzungen ein brüchiges Handlungsfundament ermöglicht. Hier können wir, wie in jeder Gesellschaft, eine beständige Spannung zwischen integrativen und differentialen Kräften konstatieren. Tatsächlich neigen die auseinanderstrebenden Kräfte innerhalb des Zionismus eher zu lautstarker Artikulation, während die integrativen manchmal verborgen sind. In einigen kritischen Phasen der zionistischen Geschichte – in den dreißiger Jahren und während der Regierungszeit von Begin – gab es bedrohliche Anzeichen für eine bevorstehende Explosion, und man hörte entsetzliche Prophezeiungen eines »unvermeidlichen Bürgerkriegs«, der bis dahin hatte vermieden werden können, weil die verborgenen integrativen Kräfte letztlich stärker waren als die sich exponierenden differentialen Kräfte, weil man der Wut nur durch Worte Luft verschaffte und weil die äußere Bedrohung zusammenschweißte. Vielleicht ist die bedeutendste Leistung, die wir Shimon Peres in den zwei Jahren seiner Zeit als Premierminister, von 1984 bis 1986, attestieren können, nicht der Rückgang der Inflationsrate, sondern der Rückgang der internen Auseinandersetzungen und die Minderung der emotionalen Schärfe in manchen innenpolitischen Debatten. Das ist wirklich der Fall, wenn auch die Wut und der Wahn, ebenso wie die unterschiedlichen Positionen zur Inflation und zu den Gebieten, sich immer noch im »besetzten« Zustand befinden, also weder gelöst noch befreit sind.

Der innere Konflikt, der nun schon seit Jahrzehnten in Israel währt, ist zum größten Teil ein verbaler Krieg, in dem beide Seiten Magengeschwüre und Herzanfälle bei der jeweils anderen hervorrufen. Wir sollten uns daran erinnern, daß einige zivilisierte Nationen ihre heutige Identität durch blutige Bürgerkriege herausgebildet haben. England wurde durch Religionskriege geformt, Amerika besiegte Amerika in einem Bürgerkrieg, und Frankreich köpfte Frankreich mit Guillotinen, ganz zu schweigen von der Geschichte der Deutschen, der Italiener und der Russen. Hier in Israel sind dagegen in den 100 Jahren zionistischer Abgeschiedenheit trotz aller schmerzlichen internen Auseinandersetzungen nicht mehr als 50 Juden, von DeHaan bis Grunzweig, von anderen Juden wegen Glaubens- oder Meinungsverschiedenheiten getötet worden. Vielleicht lag das daran, daß die Realität hier in der Tat eher mosaisch ist, als daß sie aus durch Barrikaden voneinander getrennten Seiten besteht. Der soziale Querschnitt überlappt sich nicht mit dem religiösen, noch überlappen sich diese beiden Kategorien mit einem Querschnitt der Ursprungsländer, und auch diese drei haben nichts zu tun mit der Verteilung Falken/Tauben und so weiter. Unter den Knesset-Abgeordneten der Moskau-orientierten Israelischen Kommunistischen Partei trifft man auf einen Aschkenasi mittleren Alters aus Litauen ebenso wie auf einen jungen Marokkaner. Vier oder fünf nichtreligiöse Parteien haben orthodoxe Abgeordnete in der Knesset. Vier oder fünf Parteien werden von Millionären

Seite an Seite mit Slumbewohnern vertreten. Drei oder vier Parteien haben eine Falken- und eine Taubenfraktion. In fast jeder Parteigruppierung der Knesset finden sich sowohl Aschkenasim wie auch Sefardim. Die Ursprungsländer haben kaum eine Bedeutung für das Meinungsspektrum: David Ben Gurion und Menachem Begin, Shimon Peres und Jizchak Shamir stammen alle aus Polen. Chaim Weizmann und Wladimir Zeev Jabotinski stammen aus Rußland. David Levy, Moshe Shahal, Shoshana Arbeli und Moshe Katzar sind aus arabischen Ländern nach Israel gekommen. Golda Meir, Moshe Arens, Abba Eban und Meir Kahane haben ihre prägenden Jahre in englischsprachigen Ländern verbracht. Die früheren Generäle Yigal Allon, Ariel Scharon und Itzhak Rabin sind alle in Israel geboren. Man findet orthodoxe Abgeordnete (darunter auch Rabbis) sowohl der extremen Rechten wie auch der extremen Linken unter den Falken und unter den Tauben.

Die frühen Pioniere sangen mit Hingabe: »Hier in dem wunderschönen Land unserer Vorfahren werden alle unsere Hoffnungen in Erfüllung gehen.« Aber von Anfang an waren diese Hoffnungen verschiedenartig, ja sie widersprachen einander. Manche wollten »unsere uralten Zeiten wiederherstellen« und das Königreich Davids und Salomos neu errichten. Andere kamen in dem brennenden Glauben an den »Beginn der Erlösung« ins Land; sie glaubten das Nahen des Messias wahrzunehmen und wollten sein Kommen durch mystische Praktiken beschleunigen. Es gab Propheten und andere, die die Propheten steinigen wollten. Einige wollten ein marxistisches Paradies schaffen, wohin »Rußland selbst kommen und sich verneigen wird«. Wieder andere wollten überhaupt keinen unabhängigen Staat errichten, sondern hatten den Traum, das Land mit einem Netz überschaubarer tolstojscher Kommunen zu überziehen, wo den einzelnen Menschen religiöse Offenbarung und wunderbare Reinigung dadurch zuteil werden sollten, daß sie ihre Bindungen an die Kräfte der Natur erneuerten und das Land bebauten. Einige hatten die Idee, in die semitisch-arabische Landschaft einzutauchen und als Juden in die Familie der orientalischen Völker zurückzukehren. Und es gab jene, die sich wie Theodor Herzl danach sehnten, im Nahen Osten eine Replik von Kaiser Franz Josefs bequemem bürgerlichen Mitteleuropa zu schaffen, mit guten Umgangsformen, roten Ziegeldächern, *Gemütlichkeit* und absoluter Ruhe mittags zwischen zwei und vier Uhr. Andere wiederum kamen mit einer direkt aus dem Polnischen übersetzten militaristischen, nationalistischen Gesinnung, einer romantischen Gefühlswelt von Kavallerieattacken, martialischen Sehnsüchten, Visionen von Blut und Feuer und hehren, tapferen Taten. Andere sahen im Zionismus den einzigen Weg, um eine jüdisch-hebräische Kulturidentität ohne jegliche religiösen Fesseln zu schaffen und eine Kultur auf der Grundlage jüdischer Werte, aber ohne jedes religiöse Ritual zu entwickeln. Es gab andererseits aber auch jene, die den Zionismus als einzigen Weg betrachteten, um das religiöse Ritual in jeder Hinsicht zu bewahren, einschließlich der Wiedererrichtung des Heiligen Tempels und der Wiederbelebung der Opferriten. Wieder andere gaben sich damit zufrieden, sich für die Verwirklichung einer aufgeklärten und gerechten sozialen Demokratie einzusetzen, deren hauptsächliches Ziel die Freiheit, das Gedeihen und die Selbstverwirklichung jedes einzelnen sein sollte.

Man könnte Bände füllen mit der Beschreibung der jammernden zionistischen Familie und ihren Richtungen und Nuancen, der schützenden Rüstung aus Haß und Liebe, dem Sich-messen-Wollen, dem insgeheimen Einflußnehmen und der offenen Rivalität zwischen den verschiedenen Familienzweigen. So ist das reiche Gewebe von vielfältigen und unwiderstehlichen Kontrasten nicht nur charakteristisch für das heutige Israel, es war bereits in seinen Anfängen vorgegeben. Es kann natürlich an Reichhaltigkeit verlieren wegen des oberflächlichen Wunsches, »die Grenzzäune niedriger zu machen«, um alles auf einen gemeinsamen Nenner zu bringen. Vielleicht wird es auch zu einer gewalttätigen, zerstörerischen Explosion führen. Noch aber dient es wohl als schöpferisches Spannungsfeld zwischen verschiedenartigen Wertsystemen, als scharfer Anreiz für kulturelle Kreativität aufgrund eines intellektuellen und emotionalen Kampfes unterschiedlicher Visionen. Das wird der Fall sein, wenn wir alle den Pluralismus nicht als vorübergehende Krankheit ansehen, die es auszumerzen gilt, sondern als einen Segen, und wenn wir uns daran erinnern, daß es Augenblicke der Wahrheit gibt, in denen selbst eine gespaltene Gesellschaft glasklare Entscheidungen über Werte und Prioritäten zu fällen hat.

Ein Augenblick der Wahrheit

Die Besetzung der Gebiete während des Sechstagekriegs hat uns einen solchen Augenblick der Wahrheit beschert. Israel wurde dadurch gezwungen, eine praktikable Antwort auf eine Frage von theologischer, ideologischer und moralischer Bedeutung zu geben. Hinter der Auseinandersetzung über die Zukunft der Gebiete verbarg sich eine viel weiter reichende Frage: Wozu sind wir in dieses Land gekommen? Die Antwort auf diese Frage wurde wie viele andere mit dem Hinweis vertagt und unterdrückt: »Es gibt ja niemanden auf der arabischen Seite, mit dem man reden könnte.« Und »Das Problem lösen wir, wenn es soweit ist.« Da die Lösung des Grenzproblems offenbar warten konnte (»bis die Araber uns anrufen«, wie Moshe Dayan zu sagen pflegte), haben wir uns gescheut, das Problem anzugehen, wer wir sind und wozu wir in dieses Land gekommen sind, ein Problem, das sich nicht von dem der Zukunft der besetzten Gebiete, der Kriegsziele und des Wertes des Friedens trennen läßt.

Danach kam der Schock des Jom Kippur-Kriegs, der eine erste Bestrafung für die Verdrängung der Probleme darstellte. Darauf folgten der Besuch Sadats und der Friedensvertrag mit Ägypten und der Schrecken des Libanonkriegs. Es gab gewisse Anzeichen für die Bereitschaft der Araber, die Existenz Israels zu akzeptieren (unter Bedingungen, die für die Mehrheit der Israelis unannehmbar waren); gleichzeitig entwickelten sich neue Vorstellungen von den Vorteilen des jüdischen Lebens in der Diaspora. Emigration wurde zu einem Massenphänomen, und dennoch verdrängte man in Israel weiterhin die Frage nach Zweck und Inhalt der Existenz Israels und schob die Entscheidungen über grundsätzliche Zukunftsvorstellungen und deren Konkretisierung auf. Statt dessen konzentrierte sich die Auseinandersetzung auf so unwichtige Fragen wie die »Grenzen der Macht«, was »realistisch« sei und was nicht. Es scheint unmöglich zu sein, die Frage nach unseren Zielen zu stellen, ohne zunächst das Dilemma der Grenzen der Macht zu lösen. Worin liegt Israels Stärke? Worauf beruht sie? Können wir uns darauf unbegrenzt verlassen? Über all das müssen wir sprechen, um den Weg für eine Diskussion darüber zu ebnen, wer wir sind, was wir sein wollen und was die Quelle unserer Autorität sein soll: der Wille des Volkes oder die Gebote des religiösen Gesetzes.

Die Grenzen der Macht

Die Erfahrung der Macht hat, was durchaus verständlich ist, viele von uns vergiftet: Tausende von Jahren haben die Juden Erfahrungen mit der Macht des Glaubens und des Märtyrertums gemacht, mit wirtschaftlicher, emotionaler und intellektueller Macht, aber die Macht physischer Gewalt kannten sie allein daher, daß sie sie zu spüren bekamen.

Nun verfügen Juden ganz urplötzlich über militärische Macht. Freunde und Feinde müssen endlich die physische Macht derjenigen in Rechnung stellen, die sie bis dahin als hilflos angesehen haben. Das ist eine neue und verwirrende Erfahrung, eine Prüfung, auf die wir wohl nicht vorbereitet waren und die wir nun vielleicht nicht bestehen werden, wenngleich diese Macht in der Tat nicht plötzlich, nicht aus dem Nichts gekommen ist. Grenze um Grenze, Hektar um Hektar, Gewehr um Gewehr ist sie im Verlauf von gut hundert Jahren angewachsen und aufgebaut worden. Diese Macht entstand aus Büchern und Broschüren, aus Ethik, Idealismus und Selbstaufopferung. Sie wurde in Anbetracht all dessen geschaffen. Sollte der Geist, der dieser Macht zum Leben verhalf, seine Kraft verlieren, so würde unsere physische Macht zerfallen und sich auflösen.

Es wäre nicht überraschend, wenn ein Volk, das über Tausende von Jahren nicht die Erfahrung gemacht hat, wie man physische Macht aufrechterhält, sich von ihrer erst kürzlich entdeckten Kraft vergiften ließe. Es wäre nicht überraschend, wenn viele Menschen physische Macht auf eine simple und naive Weise begriffen, ohne jegliches Verständnis für die notwendige Beziehung zwischen militärischer Stärke und nationalen Möglichkeiten, für die Verbindung von physischer Macht und Wollen, von Wollen und moralischer Stärke, von moralischer Stärke und Legitimität bzw. Illegitimität in den Augen der internationalen Völkergemeinschaft; ohne jedes Verständnis dafür, daß Legitimität mit Bündnisfähigkeit und der Unterstützung durch andere Nationen zusammenhängt und daß insgesamt ein Zusammenhang zwischen Bündnissen, Unterstützung und physischer Macht besteht.

Anstatt diese Unterscheidungen vorzunehmen, neigt man lautstark zu plumpen, seichten Vorstellungen eines kruden Darwinismus, »raffe zusammen, was du bekommst«, »Abhängigkeit von anderen ist eine Sünde« und so weiter. Schlimmer noch ist die weitverbreitete Blindheit gegenüber der fatalen Beziehung von zunehmendem Angewiesensein auf physische Macht, der arroganten Zurschaustellung von Kraft und dem Ritual physischer Stärke einerseits und dem Aufkommen von Gewalttätigkeit innerhalb unserer Gesellschaft andererseits. Wer sich und seinen Kindern einredet, man solle nach der groben Maxime leben, wonach Macht vor Recht kommt und man festhalten soll, was man an sich gerissen hat, wonach jeder Sieg ein Zeichen göttlicher Zuneigung ist, wonach jemand, der einst selbst Opfer war, das Recht hat, sich weiterhin als Opfer zu betrachten, auch wenn er inzwischen andere zu Opfern gemacht hat, wonach das Leben nun einmal ein ewiges Hauen und Stechen ist – wer so denkt und handelt, der sollte sich nicht wundern, wenn diese Handlungsmaximen in das Zusammenleben daheim Eingang finden, in die Beziehungen am Arbeitsplatz und unter Nachbarn, in die Stimmung in den Familien, ja sogar in die Warteschlange an der Bushaltestelle.

Am schlimmsten ist vielleicht die verlogene, demagogische Neigung, die Ziele des Zionismus neu zu formulieren in Übereinstimmung mit den Aussichten, die die Macht (wie manche es gern sehen) jenen bietet, die sie besitzen. Nach der Eroberung von Beirut durch die israelische Armee im Jahre 1983 wurden in der intellektuellen Führung von Gush Emunim Stimmen laut, die uns mahnten, unsere Waffen nicht nur zu gebrauchen, um uns zu verteidigen oder den Libanon zu einem israelischen Lehensstaat zu machen, sondern um »die Welt insgesamt zu ordnen« und »die jüdische Wahrheit« allen Nichtjuden aufzuzwingen. »Dieser

Krieg hat der gesamten Welt bewiesen, daß es im Nahen Osten nur eine militärische Kraft gibt, die als Supermacht gelten kann. Die Ausmerzung der Nester des Bösen ist nur der Anfang eines Vorgangs, durch den letztlich alles Böse in der Welt ausgemerzt werden wird. Die Ereignisse der letzten Zeit haben bewiesen, daß der Staat Israel diese Kraft auf der Welt ist«, lauteten die Worte von Rabbi Dov Lior in *Seeds*.

Die Ergebnisse des Libanonkriegs haben diesen Gefühlsrausch wohl etwas gedämpft. Die Erregung à la »Das Imperium schlägt zurück« ist vielleicht ein wenig zurückgegangen. Die Diskussion über die Grenzen der Macht sollte, wie erwähnt, weiterreichende Kontroversen etwa über den Sinn des Zionismus übertönen und verdrängen. Und nun, kurz nach dem Libanonkrieg, ist die Debatte über die Grenzen der Macht ebenfalls unterdrückt worden, und zwar nicht, weil die Parteien einen einhelligen Standpunkt gefunden haben. Wir stellen nun nicht mehr die Frage: Was kann man durch Macht erreichen und was nicht? Was darf man mit Gewalt vollbringen und was nicht? Wofür lohnt sich Gewaltanwendung und wofür nicht? Was ist das Wesen der Gewalt und welches sind ihre Bestandteile?

Unterdessen werden wir durch die Macht in unseren Händen entstellt und korrumpiert.

Eine Generation von Geheimpolizisten und Militärgouverneuren

Bereits seit dem Schöpfungsbericht bekämpfen sich im Judaismus fremdenfeindliches Stammesbewußtsein (»Ihr Mund soll Gott erheben; sie sollen scharfe Schwerter in ihren Händen halten, daß sie Vergeltung üben unter den Heiden, Strafe unter den Völkern«) und offene, universalisti-

74

sche Haltung (»Seid ihr Kinder Israel mir nicht gleichwie die Mohren?«). Wir müssen begreifen, daß beide Einstellungen zutiefst jüdisch sind und daß weder die eine noch die andere dem »ursprünglichen« Judaismus näbersteht. Die fünf Bücher Mose, die Ethik der Propheten, die Literatur des religiösen Gesetzes und der Weisheit sowie die in den jüdischen Gemeinden zu verschiedenen Zeiten und an unterschiedlichen Orten entstandenen Kulturzeugnisse spiegeln eine ursprüngliche Spannung zwischen diesen beiden Grundhaltungen gegenüber der »Außenwelt« wider. Hier finden wir Dr. Jekyll und Mr. Hyde im Judentum wieder.

Der moderne Zionismus hat diese Ambivalenz als Erbe übernommen. Sie äußert sich dort in offenen und verdeckten Auseinandersetzungen zwischen dem Wunsch, eine »Nation wie alle anderen auch« zu sein, dem Versuch, »wie alle Nationen« zu werden, und einer Lust, »Deinen Zorn über die Völker zu gießen«.

Was als Kampf um das Recht begann, »ein freies Volk zu sein«, entwickelte sich zu einem zunehmend eindimensionalen Anspruch: frei zu sein von fremder Herrschaft. In diesem Kampf wurden aber viele Momente der Freiheit unterdrückt, zugunsten der »Freiheit«, andere zu unterdrücken. Um die Palästinenser weiterhin unterdrücken zu können, waren wir gezwungen, einige der wesentlichen Merkmale einer freien Nation zu opfern, den Bereich individueller Freiheit immer mehr zu beschneiden und uns im Namen der Sicherheit religiösem Zwang und Eingrenzungen der Freiheit zu unterwerfen. Selbst die Freiheit von Abhängigkeit wird, ohne daß wir es merken, zur Unterwerfung unter Amerika. Und die Freiheit, die eine vom Gesetz bestimmte Nation ihren Bürgern gewährt, wird zunehmend beschnitten. »Das Gesetz soll Berge einebnen«, sagt man uns, »jedoch nicht zur jetzigen Zeit. Im Augenblick muß die Sicherheit das Gesetz einebnen.«

Der Staat wurde zum Schutz des Lebens selbst geschaffen, sagt Aristoteles, aber der Zweck seiner Existenz ist »das gute Leben«, also die Verwirklichung der persönlichen und kollektiven Möglichkeiten der Bürger des Staates. In unserem Land ist der größte Teil dieser Möglichkeiten inzwischen der Wahrung der schieren Existenz untergeordnet. Das mag unvermeidlich sein. In den letzten Jahren jedoch sind diese Möglichkeiten zugunsten einer Wahnindee von erweiterten Grenzen, die angeblich das schiere Leben bewahren, zunehmend beschnitten worden. Unsere schöpferischen Kräfte sind größtenteils darauf eingeschränkt, uns die besetzten Gebiete einzuverleiben, eine anmaßende Souveränität auszuüben, eine trügerische Sicherheit herzustellen, die den Keim der Selbstzerstörung in sich trägt. Nun ist eine neue Generation von Israelis herangewachsen, eine Generation von Soldaten, Militärgouverneuren, Sicherheitskräften, Aufsehern und Geheimpolizisten. Der Staat beruft die Blüte seiner jungen Männer ein, nicht etwa, um sich selbst zu verteidigen, sondern seine »Sicherheitsgürtel«. Der Staat fordert von seinen Söhnen, ihre Zeit und bisweilen ihr Leben zu opfern für Ziele, die viele von ihnen als sinnlos und ohne jegliche Beziehung zur wesentlichen Sicherung des staatlichen Überlebens erachten. Unterdessen wird die berühmte »soziologische Pyramide« jüdischen Daseins Tag für Tag vor unseren eigenen Augen auf den Kopf gestellt, und der Staat, der aus dem Wunsch entstanden war, die Juden von einer sozialen Klasse in eine Nation umzuformen, verwandelt uns wieder aus einer Nation in eine soziale Klasse.

Wir haben, wie auch immer die Umstände sein mögen, nicht die Macht, die Araber insgesamt zu besiegen und ihnen die Haltung des »Erbrechts« aufzuzwingen, das einigen von uns so heilig ist. Wir haben nicht die Macht, die ganze Welt zu zwingen, sich dem Wunsch und Willen einiger von uns zu unterwerfen. Wir haben nicht die Macht, Dov Liors Wunschträume in die Wirklichkeit umzusetzen, nämlich, »alles Böse aus dieser Welt auszumerzen«. In unserer Macht steht es lediglich zu wählen, ob wir selbst böse sein wollen oder nicht.

Die Alternative besteht daher zwischen Kompromiß, Vereinbarung und Koexistenz einerseits und wiederholten Versuchen, eine Entscheidung mit Gewalt herbeizuführen, andererseits, ohne jegliche Sicherheit, daß unsere Macht immer ausschlaggebend sein wird, und verbunden mit der großen Furcht, daß dieser Prozeß die Grundlagen unserer Stärke unterminieren wird. Ich will nicht behaupten, daß diese Wahl allein Israel treffen kann; sie hängt auch von den Arabern und den Supermächten ab. Und sie hängt von uns selbst ab und von den Zielen, seien sie nun realistisch oder verrückt, die wir uns setzen.

Der Preis für die unablässige Abhängigkeit in Form von Waffen, die uns zum Teil durch die Großzügigkeit anderer geliefert werden, der Preis für die Ausübung der Macht, um den Willen einiger von uns der übrigen Nation, den Palästinensern und der Welt aufzuzwingen, dieser Preis ist womöglich unannehmbar hoch. Wir erbauen unseren Körper auf der Asche unserer Seelen.

Davar, 6. Juni 1986

Mohammad, Gideon und die Duschen

Gideon Spiro aus Jerusalem schickte mir folgenden Brief, den ich im Juni 1987, mit geringfügigen Auslassungen, in *Davar* veröffentlichte:

Jerusalem (innerhalb der Grünen Linie)*

Lieber Abgeordneter der Knesset,

Ich möchte Ihnen den Fall von Mohammad Abu-Vardi zur Kenntnis bringen; er ist 12½ Jahre alt und lebt im Flüchtlingslager Balata in der Nähe von Nablus. Am 23. November 1985 durchsuchte die Israelische Armee das Flüchtlingslager Balata. Um drei Uhr morgens... drangen die Soldaten bei der Familie Abu-Vardi ein.... Die Soldaten weckten die schlafenden Bewohner mit Schreien und Tritten. Bei ihrer Suche fanden die Soldaten gefährliche Waffen in Gestalt von fünf Büchern über politische Themen. ... Die drei Brüder wurden ins Gefangenenlager von Fara'a gebracht. ... Mit dem Verhör des 12½jährigen Jungen begann man noch am selben Tag; es ging dabei hauptsächlich um die Bücher. ... Man begann mit einer Folge von Schlägen und Folterungen. Man schlug ihn ins Gesicht und in die Magengrube. Danach kam eine Duschbehandlung (Duschen: Erinnert Sie das an irgend etwas?). Von vier Uhr nachmittags bis elf Uhr abends wurde Mohammad Abu-Vardi jede Stunde unter die kalte Dusche gezerrt und dazwischen verhört, um aus ihm wegen der Bücher Aussagen gegen seine Brüder herauszubekommen. Während der Verhöre wurde er geschlagen,

---

* Grüne Linie: 1948 bis 1967 die Waffenstillstandslinie zwischen Israel und seinen arabischen Nachbarn.

wobei der Junge an einen Stuhl gefesselt war. ... Auch andere Methoden wurden angewendet, die ganz den brutalen Phantasien der ihn verhörenden sadistischen Soldaten entsprachen. Der Junge weinte und schrie, ohne jeden Erfolg. ... Das Verhör von Mohammad Abu-Vardi ging zwölf Tage so weiter. ... Es war Tag für Tag mit Schlägen verbunden. Gesamtdauer der Haft: achtzehn Tage.

Israels hochgeschätzter Dichter Chaim Nachman Bialik (1873-1934) hat in seinem berühmten Gedicht »Das Schlachten« geschrieben: »Nicht kann selbst die Hölle so grausig Verbrechen / Nicht Kindesblut rächen.« Leicht verändert könnte man sagen: »Nicht kann selbst die Hölle ein gefoltertes palästinensisches Kind rächen.« Man sehe nur, wohin die Besetzung und Kontrolle anderer Völker führt. Die israelischen Besetzer verwandeln sich in wilde Tiere. ... Ich bitte Sie darauf zu achten, daß dieser Fall untersucht wird. ... Wenn Sie nichts unternehmen, sind Sie ein Komplize dieser Konspiration des Schweigens und Vertuschens. Wenn Sie wissen wollen, wo die kommende Generation des palästinensischen Widerstands aufwächst, dann gehen Sie in die Gefangenenlager in den besetzten Gebieten, und Sie werden die Antwort erhalten. ... Man kann den Rassismus nicht bekämpfen, ohne den Boden, worauf er wächst, umzupflügen. Die Besetzung und die Realität der Apartheid, die aus ihrem Lehm geformt wurde, sind der Dünger, auf dem der Rassismus wächst. Ein Israel, das die Folterknechte und Mörder von Kindern in Schutz nimmt, ... verwirkt das Recht, Kriegsverbrecher zu verurteilen, die Verbrechen gegen das jüdische Volk begangen haben. ...

Soweit der wesentliche Wortlaut des Briefs von Gideon Spiro. Meine Antwort lautet, mit geringfügigen Auslassungen, folgendermaßen:

1. Ich unterstütze den Ruf nach einer Untersuchung der von Ihnen in Ihrem Brief dargestellten Angelegenheit.

2. Sie haben, was mich betrifft, nicht ganz recht: Ich bin weder Mitglied der Knesset noch Journalist. Ich habe keine Möglichkeit, die Geschichte zu überprüfen, die Sie mir zur Kenntnis gebracht haben, ohne daß Sie sich die Mühe gemacht haben, auch nur den kleinsten Hinweis auf die Quelle Ihres Berichts und wie Sie daran gekommen sind, zu geben.

3. Ich finde einige Formulierungen in Ihrem Brief erschreckend. Meiner Meinung nach handelt jeder, der die israelischen Besetzer pauschal als »wilde Tiere« bezeichnet, genauso wie jene, die die Palästinenser »zweibeinige Tiere« oder »Kakerlaken« nennen.

4. Ich bin ein Gegner der andauernden israelischen Besetzung der besiedelten arabischen Gebiete, aber ich lehne jene Rechtfertigung ab, die Sie in Ihrem Brief dem arabischen Terror verleihen, in dem Sie ihn als »palästinensischen Widerstand« bezeichnen. Der sogenannte palästinensische Widerstand hat niemals seine Zeit darauf verschwendet, Kinder zu verprügeln. Er hatte nichts anderes im Sinn, als sie, ohne irgendeinen Unterschied zu machen, zu töten, selbst vor der israelischen Besetzung der West-Bank und des Gaza-Streifens.

5. Der letzte Satz des ersten Absatzes Ihres Briefes impliziert einen Vergleich zwischen den israelischen Besatzern und den Nazis. Dieser Vergleich ist demagogisch und bösartig. Die Worte »Duschen: Erinnert Sie das an irgend etwas?« sind wirklich obszön, es sei denn, Sie wollen behaupten, das Kind sei zusammen mit Millionen anderer Kinder zum Nutzen der israelischen Seifenindustrie vergast worden.

6. Wie ich bereits dargelegt habe, unterstütze ich Ihre Forderung nach einer Untersuchung, aber ich wehre mich gegen die grobe, vereinfachende und propagandistische Haltung, die sich in nahezu jeder Zeile Ihres Briefes findet, einschließlich der perversen Anspielung auf die Nazis: die

israelische Militärregierung in den besetzten Gebieten ist der Unterdrückung, der Einschüchterung, der Folter und der Menschenrechtsverletzung schuldig, aber der palästinensische »Widerstand« ist verantwortlich für die Ideologie des Völkermords und der entsprechenden Methoden. Die Nazis waren nicht nur Menschen, die jüdische Kinder wegen konfiszierter Bücher verprügelt haben. Da sollten Sie einmal Ihre Hausaufgaben machen.

Hierauf antwortete Gideon Spiro, aus »Jerusalem (innerhalb der Grünen Linie)«:

Ihre Wut richtet sich gegen den Spiegel anstatt gegen das Bild. . . . Ich habe mich an Sie gewandt, weil ich annahm, Sie seien . . . ein Intellektueller . . . ein jüdisch-hebräischer Autor mit einer moralischen Sensibilität . . . [der] weder ruhen noch rasten würde, bis die Geschichte . . . voll und ganz untersucht wäre. . . . Gibt die Formulierung »wilde Tiere« nicht genau wieder, was hier beschrieben wurde? . . . Wie viele jüdische Kinder sind seit 1967 in den von Israel besetzten Gebieten vom palästinensischen Widerstand getötet worden, und wie viele palästinensische Kinder von den israelischen Besetzern? . . . Die Zahl der palästinensischen und libanesischen Kinder, die durch die israelischen Bombardierungen von Beirut, Tyrus, Sidon und der Flüchtlingslager getötet worden sind, ist größer als diejenige aller jüdischen Opfer von Palästinensern seit den ersten Pionieren des modernen Zionismus. . . . Als jemand, dessen Familie fünf Minuten vor Ausbruch des Zweiten Weltkriegs aus Deutschland geflohen ist, bin ich sehr vorsichtig, wenn ich mich zu diesen Dingen [dem Vergleich mit den Nazis] äußere. . . . Ich verwahre mich gegen Ihre manipulierende und demagogische Verwendung der Duschfolter, die von israelischen Folterern gegen das palästinensische Kind angewandt wurde. . . .

Meine Antwort auf diesen Brief war etwa folgende:

Mit Ihrer Erlaubnis möchte ich den Fall Mohammad Abu-Vardi und den wesentlichen Kern unseres Briefwechsels in *Davar* veröffentlichen. Das könnte dazu beitragen, zwei Punkte zu klären: 1. den Fall dieses Kindes und 2., ob es möglich ist, wie Sie es formuliert haben, »ein Autor mit einer moralischen Sensibilität... mit einem Glauben an humanistische Werte...« usw. zu sein, ohne sich mit der, wie Sie es nennen, »palästinensischen Widerstandsbewegung« zu identifizieren und ihre Methoden und Ziele zu rechtfertigen.

Mir scheint diese Frage sinnlos zu sein: General Raphael Eitan und Abu Nidal, Gush Emunim und Gideon Spiro fordern allesamt von uns eine Schwarzweiß-Antwort auf die Frage: Wer ist der Nazi und wer das Opferlamm?

Da mache ich nicht mit. Der Fall des 12½jährigen Mohammad Abu-Vardi, der im Flüchtlingslager von Balata lebt, muß untersucht werden. Wenn Spiros Behauptungen wahr sind, dann müssen diejenigen, die das Kind gefoltert haben, bestraft werden. Aber nicht kraft der Gesetze, die man verabschiedet hat, um Nazi-Kriegsverbrecher zu bestrafen. Die Gleichsetzung der Dusche in Nablus mit den Duschen in Auschwitz ist unzulässig. Jeder, der einen derartigen Vergleich zieht, dient den Zielen, die Meir Kahane und Mohammad Gadaffi vertreten. Es gibt unterschiedliche Stufen des Bösen, und wer die Augen vor dieser Tatsache verschließt, wird letzten Endes zu einem Diener des Bösen werden. Derlei Dinge sind schon früher vorgekommen.

Anmerkung: Nach der Veröffentlichung dieses Briefwechsels in *Davar* schrieb mir Gideon Spiro und beschwerte sich, ich hätte seinen zweiten Brief in einer »tendenziösen, verkürzten und zensierten« Form wiedergegeben. Daraufhin habe ich ihn noch einmal gelesen und bin der Meinung, daß ich eine faire Zusammenfassung seiner Worte gegeben habe. In zwei weiteren Briefen behauptete er, daß ich seine Ansichten verdreht hätte und daß der »Vergleich mit den Nazis« nicht seine Haltung zu der israelischen Besetzung des arabischen Gebiets ausdrücke. Ich freue mich, das zu hören, und ich möchte, daß das hier Abgedruckte nur von denjenigen beachtet wird, die in verantwortungsloser Weise weiterhin in dieser Hinsicht Vergleiche mit den Nazis anstellen. Ich bedauere, daß die Herausgeber von *Davar* nicht Spiros Bitte, die ich unterstützt habe, nachgekommen sind, unseren Briefwechsel in Gänze zu veröffentlichen.

Postskriptum: Itzhak Rabin, damals Verteidigungsminister, schrieb mir, der Fall des Kindes sei von seiner Behörde untersucht worden. Rabin zufolge wurde Mohammad Abu-Vardi niemals festgenommen, und die ganze Geschichte war eine Erfindung von PLO-Quellen in Ost-Jerusalem.

Über die Abstufungen des Bösen

Im Januar 1986 fand der Internationale PEN-Kongreß in New York statt. Das Kongreßthema lautete: »Die Phantasie des Staates und die Phantasie des Schriftstellers.« Zahlreiche Redner sprachen im Geist des romantischen Anarchismus, wonach der Staat ohne Ausnahme ein Monster ist, das die Seele des einfachen Individuums – das von Natur aus gut ist – durch Kriege, Unterdrückung und Errichtung von häßlichen Wohnkomplexen mit Füßen tritt. Schriftsteller wurden dagegen als mutige Menschen dargestellt, die als Opposition gegen den monströsen Staat auftreten, um den »kleinen Mann« zu verteidigen. Die folgende Rede sollte eine Antwort auf diese Vorträge sein.

Der Staat besitzt keine Phantasie. »Die Phantasie des Staates« gibt es nur in der Phantasie einiger Schriftsteller wie derjenigen, die das Thema dieses Kongresses vorgegeben haben. Der Heilige Georg und der Drache – irgend etwas dieser Art muß ihnen vorgeschwebt haben, als sie dieses Thema ersonnen haben. Jeder Schriftsteller ein Solschenizyn mit leeren Händen, jeder Drache ein bösartiger Leonid Breschnew oder ein teuflischer Richard Nixon. Mir gefällt das nicht. Meiner Meinung nach sind manche Staaten vergleichsweise anständig und manche Schriftsteller ebenfalls. Und manche Staaten und manche Schriftsteller sind auf vielfältige Weise korrupt. Unser Thema klingt nach romantischem, vereinfachendem Anarchismus. Ich wehre mich gegen das Bild einer heiligen Schar von Schriftstellern, die furchtlos ihren Marsch antreten, um die herzlosen Bürokratien im Namen all der netten, einfachen Menschen im Lande zu bekämpfen. Mit dieser Welt der »Schönen« im Gegensatz zu den »Biestern« habe ich nichts zu tun.

Erstens sind Staaten, Regierungen und Bürokratien – die guten *und* die schrecklichen, es gibt beide – immer von allen möglichen Visionen beeinflußt worden, die von Schriftstellern ganz unterschiedlicher Art stammten. Manche Visionen sind gut, manche sind schlecht, manche sind monströs; diese Visionen sind von verschiedenen Herrschern in einer Weise übernommen oder entstellt worden, die wiederum unterschiedliche Schriftsteller verurteilt haben. Oder gerühmt haben.

Zweitens sind in der Tat manche Schriftsteller im Gefängnis oder im Gulag gestorben, während es anderen am Hofe oder auf Datschas sehr gut ergangen ist. Die meisten sind aber nicht als Märtyrer umgekommen, noch ist es ihnen durch Speichelleckerei gut ergangen. Niemand von uns hat je einen Drachen getötet. Zudem sind die netten, einfachen Menschen weder nett noch einfach. Die meisten von uns wissen das nur zu genau. Man braucht nur unsere Bücher zu lesen, dann weiß man Bescheid.

Immer wieder bin ich erstaunt über die Kluft zwischen dem, was wir Schriftsteller wahrnehmen, wenn wir unsere Gedichte, Geschichten und Dramen schreiben, und dem, was wir vor Augen haben, wenn wir unsere Petitionen, Manifeste und Titel für Podiumsdiskussionen abfassen. Es ist, als schauten wir mit völlig verschiedenen Augen, wobei ich weder Sie als Zuhörer noch mich selbst ausschließen möchte. Den meisten von uns sind die Drachen im Herzen des Menschen ja nicht unbekannt. Und doch neigen wir außerhalb unserer literarischen Arbeit häufig zu Ansichten, als glaubten wir an die vereinfachenden, gefährlichen Annahmen Rousseaus, wonach Regierungen und herrschende Schichten allesamt bösartig, einfache Leute hingegen allesamt im Herzen rein und unverdorben sind.

Dem möchte ich doch widersprechen. Der Staat ist aus dem einfachen Grunde ein notwendiges Übel, weil viele Menschen selbst fähig sind, Böses zu tun. Außerdem gibt es Unterschiede zwischen den Staaten. Einige sind beinahe gut, andere sind böse, einige tödlich. Und da Schriftsteller es mit feinen Unterschieden und Genauigkeit zu tun haben oder sich zumindest darum bemühen sollten, sollten wir Differenzierungen vornehmen. Wer das Vorhandensein verschiedener Abstufungen des Bösen außer acht läßt, wird zu einem Diener des Bösen.

Präzision und Unterschiede – wir sind keine Reporter, aber in gewisser Weise sind wir es doch. Wir sammeln nicht in jedem Fall Fakten oder geben sie wieder; wir erfinden, verdrehen, übertreiben, wir entstellen. Wir drehen die Dinge von innen nach außen und von oben nach unten. Eins aber sollten wir festhalten: In dem Augenblick, wenn wir die Dinge in Worte verwandeln, werden diese Worte zum Beweismaterial. Daher unsere Verantwortung für Präzision, für Nuancen, für feine Unterschiede. Daher unsere Pflicht, das Böse auszumachen, es abzustufen, seine Abstufungen deutlich zu machen.

Die Tragödie der Geschichte liegt nicht in dem ewigen, hoffnungslosen Zusammenstoß zwischen heiligmäßigen Menschen und diabolischen Staatseinrichtungen. Es ist vielmehr der unaufhörliche Zusammenstoß zwischen relativ anständigen Gesellschaften und blutigen Gesellschaften. Um noch genauer zu sein: es ist die unendliche Feigheit vergleichsweise anständiger Gesellschaften, wenn sie mit der Rücksichtslosigkeit grausamer Gesellschaften konfrontiert werden.

Wie können wir human sein, das heißt skeptisch und fähig zu moralischer Ambivalenz, und zugleich versuchen, das Böse zu bekämpfen? Wie kann man sich fanatisch gegen den Fanatismus wenden? Wie kann man kämpfen, ohne selbst zum Kämpfer zu werden? Wie kann man gegen das Böse angehen, ohne sich anzustecken? Sich mit der Geschichte befassen, ohne sich selbst der giftigen Wirkung der Geschichte auszusetzen? Vor drei Monaten sah ich in Wien eine Demonstration von Umweltschützern, die gegen wissenschaftliche Experimente an Meerschweinchen protestierten. Sie trugen Schilder, auf denen Jesus abgebildet war, umgeben von leidenden Meerschweinchen. Die Aufschrift lautete: »Er hat auch sie geliebt.« Vielleicht hat er das, aber einige Demonstranten wirkten auf mich beinahe so, als seien sie letztlich fähig, Geiseln zu erschießen, um dem Leiden von Meerschweinchen ein Ende zu bereiten. Dies ist, in gewisser Weise, die Geschichte von Menschen, die Gutes tun – hier und anderswo, vielleicht überall.

Wollen wir doch lieber nicht dem Staat eine teuflische Phantasie und uns selbst eine Phantasie der Erlösung zuschreiben. Wir sollten nicht der Versuchung zur Vereinfachung nachgeben. Wir müssen das Böse vom noch Böseren und vom Allerbösesten unterscheiden.

The New Republic, 24. Februar 1986

Der Ursprung von Autorität

Der Versuch, eine Synagoge in einer Vorstadt von Tel Aviv niederzubrennen, war ein wahrhaft verabscheuungswürdiger Vorgang und er hat gräßliche Erinnerungen wachgerufen. Das Ankleben von sexuell provozierenden Plakaten in religiösen Wohngegenden ist ein Akt der Rücksichtslosigkeit. Und manche Reaktionen von ungläubigen Juden in der letzten Zeit sind durch grobe Verallgemeinerungen entstellt worden.

Aber der Appell des Staatspräsidenten und anderer, wonach »beide Seiten« mit Zurückhaltung handeln bzw. »eine Brücke über die tosenden Wasser bauen« sollen, war beleidigend und ungerecht: Der größte Teil der religiösen Öffentlichkeit und beinahe die gesamte säkulare Öffentlichkeit haben bislang in der zwischen ihnen geführten Auseinandersetzung gesetzestreue und gewaltlose Positionen vertreten.

Die Liebe zu Zion und die Schuld von Samaria

Kleine Gruppierungen von ultra-orthodoxen Juden haben den zionistischen Staat und seine Gesetze niemals anerkannt. Diese Gruppierungen, ob in Mea Schearim, Bnei Brak oder unter Gush Emunim und seinen Anhängern, profitieren von der zionistischen Gemeinschaft; sie erhalten Zuwendungen aus dem Staatshaushalt, Schutz, Dienstleistungen und Sicherheit, obwohl sie sich weigern, die staatliche Autorität anzuerkennen. Ihrer Überzeugung nach gibt es keinen Souverän außer dem Souverän des Universums.

Die Weisheit von Generationen hat diese Gläubigen

Nachsicht und Ausgleich gelehrt, sich der Herrschaft der Tora bis zum Nahen der endgültigen Erlösung zu unterwerfen, in der Zwischenzeit in einer mangelhaften Wirklichkeit zu leben und in völligem Glauben, ohne den Prozeß zu beeinflussen, auf Rettung von oben zu warten.

Offenbar hat die Errichtung des »häretischen zionistischen Staates« diese Ruhe erschüttert. Beinahe gleichzeitig ist in den verschiedenen Winkeln des Lagers der Gläubigen eine Obsession für den Messias ausgebrochen. Die Schüler der beiden Rabbis Kook, Vater und Sohn, bildeten sich ein, sie hätten das Walten des Messias im Röhren der Panzer während des Sechstagekriegs wahrgenommen. Und jetzt hat sich der Dibbuk auf weitere Randbereiche des halachitischen Judentums ausgebreitet. Die rechtsgerichteten jüdischen Siedler in Sebastia haben es durch Gewalt und Androhung einer Abspaltung geschafft, 1977 die Regierung Rabin in die Knie zu zwingen. Jetzt versuchen andere religiöse Gruppierungen, die Regierung Peres in die Knie zu zwingen, und zwar mit ähnlichen Methoden, einschließlich der Errichtung einer Kommandotruppe im Untergrund, der Selbstorganisation, um die Gesetze zu unterminieren, und sogar weinerliche, selbstgerechte Drohungen auszustoßen, sehr in der Art von Gush Emunim: »Akzeptiert alle unsere Forderungen oder ihr seid verantwortlich für eine Spaltung der Nation.«

Sogar die Äußerungen des Präsidenten, des Generalstaatsanwalts und anderer Friedensstifter erinnern an die turbulenten Tage von Samaria: Wir werden uns unter keinen Umständen der Gewalt beugen, aber wenn die Gewalt aufhört, werden wir alles in unserer Macht Stehende tun, um die Forderungen derjenigen zu erfüllen, die mit den Gewalttätigkeiten begonnen haben. Mit anderen Worten: Wir nehmen weder das Niederbrennen von Bushaltestellen noch andere Formen der Gesetzlosigkeit hin, aber wir werden die

Wünsche der Brandstifter erfüllen, sofern sie nur aufhören, Feuer zu legen.

Wer mir mit gezücktem Messer die Brieftasche abnehmen will, bekommt sie erst, wenn er das Messer wieder weggesteckt hat; dann kriegt er, was er will. Und Friede und Status quo mögen über das Haus Israel kommen.

Autonomie für Personen oder Orte?

Das eigentliche Problem besteht darin, daß es einige religiöse Juden gibt, die kein Gesetz außer dem rabbinischen Gesetz akzeptieren und akzeptieren können. Der Kern des Problems ist die Frage nach dem Ursprung von Autorität: Ist das Volk, durch die Knesset und ihre Gesetze, der Souverän, oder gibt es keinen anderen Souverän als den Souverän des Universums, kein Gesetz außer dem Gesetz der Tora?

Man kann das Problem um des inneren Friedens willen übertünchen. Man kann es aufschieben. Man kann es unterdrücken. Aber man kann es nicht aus der Welt schaffen. Es ist allein Sache der religiösen Öffentlichkeit, mit diesem Problem fertig zu werden, insofern buchstäblich alle säkularen Juden, manchmal mit zusammengebissenen Zähnen, alle von der Knesset verabschiedeten Gesetze akzeptiert haben und es auch weiterhin tun werden, einschließlich jener Gesetze, die aufgrund von Koalitionszwängen und zwielichtigen Übereinkünften zustande gekommen sind. Manche sind allenfalls in eine Art inneres Exil gedrängt worden.

Die religiöse Öffentlichkeit steht indessen an einer Wegscheide. Sie muß sich über eins klarwerden: Entweder ist das Zeitalter des Messias bereits angebrochen und die Zeit gekommen, einer sich sträubenden Mehrheit das rabbinische Gesetz aufzuzwingen, oder das messianische Zeitalter ist noch nicht angebrochen, und dann heißt es weiterhin beten, glauben und abwarten.

Wenn weite Teile der religiösen Gemeinschaft des Glaubens sind, der Messias stehe vor der Tür, kann es keinen Kompromiß geben und aus ihrer Sicht auch keine Toleranz und keine Nachsicht. In diesem Fall hat die säkulare jüdische Mehrheit keine andere Wahl, als den Religiösen und den kleinen Gebieten, in denen eine solche messianische Mehrheit vorherrscht, volle Autonomie zu gewähren: das Selbstbestimmungsrecht bis hin zur Abspaltung für die ultranationalistischen religiösen jüdischen Siedler in Hebron und die antizionistischen ultraorthodoxen Juden in Mea Shearim und anderen Gebieten. Die Logik des Messianismus führt zu einer Teilung des Landes, und zwar nicht nur zwischen Juden und Palästinensern, sondern auch zwischen libertären zionistischen Juden und jenen Juden, die das Volk als Quelle von Autorität, Souveränität und Gesetz nicht anerkennen können. Somit muß es einen zionistischen Staat für die Zionisten geben und zusätzlich – unter der Voraussetzung von Frieden und Sicherheit – einen palästinensischen Staat für die Palästinenser, einen ultraorthodoxen Staat für die Ultraorthodoxen und einen Siedlerstaat für die Siedler von Gush Emunim. Um den amerikanischen Dichter Robert Frost zu zitieren: »Gute Zäune bewirken gute Nachbarn.«

Messias jetzt oder die Einheit Israels?

Teilung und Abspaltung sind als Alternative unendlich besser als die Gefahr eines unablässigen Kampfes im Inneren. Die Teilung ist in jeder Hinsicht allem anderen vorzuziehen. Die säkulare zionistische Öffentlichkeit, die bereit ist, sich friedfertig von den Palästinensern zu trennen, sollte nicht von der Vorstellung eines oder zweier ultraorthodoxer jüdischer »Vatikanstaaten« entsetzt sein, von jeweils einigen Dutzend Hektar Ausmaß, oder von der Autonomie für Gush Emunim-Siedler innerhalb einer Zone palästinensischer Autonomie. Die Teilung ist eine traurige Tatsache, und die Trennung wird nichts anderes sein als ein ehrlicher Ausdruck dieser Teilung: Wir wollen uns niemandem aufdrängen, der kein Israeli sein will oder kann, weil Israel für ihn zu jüdisch oder nicht jüdisch genug ist – kurz, niemandem, der der Meinung ist, ein zionistisches, demokratisches Israel widerspreche seinen Prinzipien. Ein zionistisches, demokratisches Israel kann unter gewissen Umständen durchaus neben einem unabhängigen Palästina, einem autonomen Toraland und einem unabhängigen Siedlerland existieren und sogar blühen. Wir denken dabei um Himmels willen nicht an Enteignung, Exil, Deportation oder Gettoisierung. Hier geht es darum, demjenigen ein Stück Land zur Selbstbestimmung und Selbstverwirklichung zu gewähren, der der Meinung ist, er habe innerhalb des Staates Israel keine Möglichkeit zur Selbstbestimmung und Selbstverwirklichung erhalten: dem Palästinenser, der sich für nicht weniger als die vollständige Verwirklichung seines Nationalismus ansiedeln will, dem Juden, der sich für nicht weniger als die uneingeschränkte Herrschaft der Tora ansiedeln will. Es ist ein faszinierender Gedanke, daß sich im Falle des plötzlichen Verschwindens des Staates Israel die Palästinenser gegenseitig an die Gurgel gehen und die verschiedenen orthodoxen jüdischen Sekten sich über die Form der rabbinischen Regierung, die sie sich sehnlichst wünschen, schlimmste Auseinandersetzungen liefern. Gleichwohl gibt es für einen zionistischen Staat keinen Grund, den Rausschmeißer in einem Raum voller Gruppen zu spielen, die nur eins wollen, nämlich daß der Rausschmeißer verschwindet. Folgende Frage stellt sich somit der religiösen

Öffentlichkeit: Wollt ihr eine theokratische Regierung, die über winzige, verstreute Gebiete herrscht, oder Koexistenz um den Preis, daß ihr die Verwirklichung einer rabbinischen Herrschaft aufgebt? Messias jetzt um den Preis der Trennung vom Hause Israel oder Einverständnis mit dem säkularen demokratischen Prinzip, wonach das Volk der höchste Souverän und der Ursprung von Gesetz und Autorität mittels der Knesset und der Legislative ist?

Dies ist eine religiöse, eine theologische Frage. Wir wollen sie nicht als eine Frage der politischen Taktik behandeln. Die religiöse Öffentlichkeit und ihre geistigen Führer sollen uns, so oder so, ihre Antwort darauf geben.

Davar, 23. Juni 1986

Amalek-Woche*

Die frühen Zionisten mochten die Formulierung »das Rauschen der Flügel der Geschichte«. Die Einweihung einer landwirtschaftlichen Genossenschaft in einem jüdischen Dorf wurde von den Flügeln der Geschichte berührt. Ein Treffen zwischen dem Sekretär eines Kibbuz und dem Muchtar eines benachbarten arabischen Dorfes bedeutete immer einen historischen Meilenstein. Die erste hebräische Wassermelone nördlich der alten Stadt Zippori war ohne Zweifel eine historische Wassermelone.

Die Hypnose der Vergangenheit

Die ständige Anrufung der Geschichte durch die frühen Zionisten war kein Zeichen der geistigen Selbstaufgabe angesichts der Vergangenheit. Im Gegenteil. Die erste Ackerfurche nach 2000 Jahren war Zeugnis für den Stolz, daß die Gegenwart eine passende Antwort auf die Vergangenheit darstellen könne. Der historische Pflug war in den Augen der Pflüger genau deshalb historisch, weil sie in ihm ein Symbol dafür sahen, daß die Juden, die 2000 Jahre lang außerhalb der Geschichte existiert hatten, die versucht hatten, jenseits der Geschichte zu leben oder sich unter ihren Füßen klein zu machen, beschlossen hatten, wieder in die Geschichte einzutreten, eine aktive historische Kraft zu werden, die Geschichte zu formen und zu beeinflussen und

---

* Der Name Amalek bezeichnet einen kanaanitischen Stamm, der die Israeliten in der Wüste angriff (Exodus 17, 8-16). Der Herr wies die Israeliten an, Amalek aus ihrem Gedächtnis zu tilgen. Amalek bedeutet seitdem einen archetypischen Feind der Juden.

nicht länger passives, unterwürfiges Opfer zu sein. Das zionistische Credo bestand, kurz gesagt, in der Hoffnung, »Herren unseres eigenen Schicksals zu werden«.

Nun stellt sich heraus, daß das Haupthindernis für unseren Wiedereintritt in die Geschichte ironischerweise unsere sklavische Abhängigkeit von den Schrecken der Geschichte ist. Die Abhängigkeit vom Gedächtnis hat den Abhängigen um den Verstand gebracht. »Geschichtsvergiftung« hindert uns daran, Geschichte zu gestalten. Die lähmende Kraft der Vergangenheit stellt die gefährlichste Bedrohung der zionistischen Zukunft dar. Der Zionismus bezog eine ungeheure Tatkraft aus der historischen Vergangenheit. Aber die Vergangenheit ist zugleich eine retardierende Kraft, die blind macht und dem eigentlichen Sinn des Zionismus entgegengesetzt ist.

»Das Rauschen der Flügel der Geschichte« bezeichnet somit den hinausgezögerten, heimlichen Kampf zweier mächtiger Impulse: des obsessiven Wunsches, die historische Erfahrung immer wieder zum Leben zu erwecken, und der Sehnsucht, aus den Fesseln der Vergangenheit auszubrechen, um zu versuchen, die Gegenwart und die Zukunft als freie Menschen zu gestalten.

Der Zionismus mußte sich einerseits unablässig auf das kollektive Gedächtnis der Juden besinnen, um daraus Inspiration, Rechtfertigung und Begeisterung zu ziehen. Andererseits mußte er erbarmungslos abschütteln, was der Schriftsteller Josef Chaim Brenner »die Hypnose der Vergangenheit« genannt hat.

Diese Überlegungen sind in den letzten Tagen besonders
aktuell geworden. Der israelische Staatspräsident hat dem
Land Hitlers einen Staatsbesuch abgestattet. Zur selben Zeit
war der israelische Außenminister in Spanien, aus dem unsere Vorfahren vertrieben wurden und dessen Boden
500 Jahre lang von Juden konsequent geächtet worden ist.
Von Spanien aus fuhr unser Außenminister direkt nach
Rom, der Stadt des Titus, der Jerusalem zerstört hat, um mit
den offiziellen Vertretern Rußlands zusammenzutreffen,
das die Juden vor und nach der Revolution von 1917 verfolgt
hat. All dies geschah mit dem Ziel, eine internationale Friedenskonferenz voranzutreiben unter den Auspizien »der
bösen Welt der Nicht-Juden«, in der Hoffnung, eine derartige Konferenz werde den Friedensprozeß mit »den Erben
der sieben biblischen Feindnationen von Kanaan« beschleunigen.

Es wundert also kaum, daß in diesen Tagen die Luft hier
schwer war vor lauter Rauschen der Flügel der Geschichte
oder genauer gesagt, vor lauter Rauschen der Flügel des Ge-
schichtshasses. Es wundert kaum, daß die Wächter des Ge-
bots der »Erinnerung« wehklagten und versucht haben, die
Woche vor Pessach zur »Amalek-Woche« zu machen.

Für sie ist jeder einzelne Tag des Jahres Amalek-Tag, und
Amalek liegt jede Nacht neben ihnen. Amalek hier und
Amalek da. Amalek ist ein Passepartout-Wort, das einen
psychischen Drang verrät, sich der Geschichte zu bedienen
und die Welt als ein permanentes Theater anzusehen, in dem
immer wieder, allerorten und zu allen Zeiten, 70 amalekitische Wölfe mit tropfenden Lefzen ein einziges schneewei-
ßes Lamm umzingeln. Ein verlorenes Schaf. Ein zur
Schlachtbank geführtes Junges. An diesem Szenario kann

und wird sich nichts ändern bis zur Ankunft des Messias. Wer daran etwas ändern will, ist ein Feind Israels und ein Knecht Amaleks.

In Sack und Asche

Es geht hier nicht darum, ob der Präsident des Staates Israel Deutschland einen Staatsbesuch hätte abstatten sollen, und selbst wenn, wann und wie, ob in einer Maschine der Luftwaffe oder nicht, ob mit einer lautstarken Erklärung über »den Triumph der sechs Millionen« oder nicht. Noch geht es um die Vorzüge oder Gefahren einer internationalen Friedenskonferenz, um den Sinn des Spanienbesuchs, die Bilanz des Treffens mit den Sowjets oder die Frage, ob es einen arabischen Partner gibt, mit dem man Frieden schließen könnte und um welchen Preis. Das sind allesamt sehr wichtige Fragen, aber sie sind nebensächlich verglichen mit der einen grundsätzlichen Frage: Darf Israel seinen Präsidenten nach Deutschland schicken oder nicht? Darf es Spanien die Hand reichen? Mit Rußland reden? Mit seinen Feinden Frieden schließen? Sich hineinbegeben in die nichtjüdische Weltgeschichte? Dürfen wir Dinge tun, die unsere Vorfahren niemals getan haben, oder nicht? Mit anderen Worten: Worin besteht das Gewicht der Vergangenheit gegenüber den Bedürfnissen der Gegenwart und der Zukunft? Gibt es, neben der Verpflichtung, sich zu erinnern, auch ein Recht zu vergessen? Dürfen wir versuchen, die Geschichte zu gestalten, oder dürfen wir uns in der Geschichte lediglich verkleiden, in Sack und Asche, und auf ewig nur um unsere Toten klagen? Nur hinter verschlossener Tür, mit Blenden vor den Fenstern und abgestelltem Telefon, mit dem Rücken zur verruchten Welt und das Gesicht auf die schreckliche Vergangenheit gerichtet, Tag und Nacht dasitzen und uns daran erinnern, was uns Amalek antat, und das bis zur Ankunft des Messias – oder bis zum zweiten Erscheinen Amaleks?

Die Theorie des Gettos

Israels Präsident besucht Deutschland, sein Außenminister besucht Spanien, und Rußland, Arabien und Rom sind in den Schlagzeilen. Schlagzeilen dieser Art rühren an unsere Urerfahrungen, an Erfahrungen aus unseren individuellen oder gemeinsamen Kindergartentagen. Man könnte fast die jüdische Identität als Ansammlung von Ungerechtigkeiten charakterisieren, die uns über Tausende von Jahren durch unsere Feinde zugefügt worden sind. Buchstäblich jeder Feiertag erinnert uns an das, »was euch Amalek angetan hat«: Rom, Spanien, Rußland, Arabien, Griechenland, Deutschland, Babylonien, Ägypten, England und all die anderen.

Hinter den Anschuldigungen der letzten Woche, hinter den hysterischen Unterstellungen vom Verrat und vom Ausverkauf der nationalen Ehre, lugte wieder einmal die Hypnose der Vergangenheit hervor. Und wie immer waren es die Stimmen derjenigen, die sich als »Ultrazionisten« bezeichnen, die uns Vorhaltungen machen wegen unserer zionistischen Schlappheit, die ironischerweise ihre Furcht vor der Welt draußen verraten haben, ihren Haß gegenüber allen Nichtjuden, ihren antizionistischen Drang, jeglichen Kontakt mit der Welt abzubrechen und uns ein für allemal in dem Museum unseres Jammers einzuschließen, unter den Geistern unserer Märtyrer, im Keller all der Erniedrigung und Beleidigung, die uns widerfahren ist. Allein in diesem Keller, in dem erstickenden rituellen Weihrauch für die Toten, in der ekelhaften Wolke von Groll, Selbstgerechtigkeit und Selbstmitleid, nur dort fühlen sie sich wirklich sicher und warm.

So bieten uns einige professionelle jüdische Betonköpfe ein Israel, das keine Heimat für Israelis ist, sondern ein großes Museum des Märtyrertums, ein Israel, das nicht von Bürgern, sondern von einer ewig betenden Schar bevölkert ist, von ewig Klagenden, die an das unablässige amalekitische Pogrom erinnern.

Hinter all dem verbirgt sich ein großes Elend. Und auch der Drang, der Geschichte zu entfliehen – der uns zwingt, andauernd zwischen verschiedenen Grautönen zu wählen – und uns in eine einfache, komfortable Welt zurückzuziehen, die ohne jede Nuancen aufgeteilt ist in eine Handvoll Kinder des Lichts auf der einen und Horden von Kindern der Finsternis, die sich in jeder Generation erheben, um uns zu zerstören und sich von uns abzuwenden, auf der anderen Seite. Ganz einfach. Sich von der Geschichte zu lösen, in die Gettos zurückzukehren, auf den nächsten Pogrom zu warten. Vor dem Zionismus in die Hypnose der Vergangenheit zu fliehen. Die Chance auszuschlagen, die Geschichte zu gestalten, und statt dessen zu unserer alten Gewohnheit zurückzukehren, uns hinzulegen und uns vom Rad der Geschichte überrollen zu lassen.

Bussard oder Taube

Jenseits der berechtigten Auseinandersetzung über die Angemessenheit des Deutschlandbesuchs des Präsidenten, über den Zweck der Spanienreise, über die Wirkung einer internationalen Friedenskonferenz oder den Preis für den Frieden spüren wir die Schicksalsdebatte über das Rauschen der Flügel der Geschichte: Ist das Rauschen der Flügel desjenige eines ewigen Bussards, der sich immer wieder auf die

Leichen jeder Generation stürzt – derselbe Bussard, dieselben Leichen seit dem Auszug aus Ägypten bis auf den heutigen Tag? Oder dürfen wir hin und wieder eine Taube aussenden, um festzustellen, ob die Sintflut zurückgewichen ist?

Politisch gesprochen: Sollen wir uns wie ein Nationalstaat verhalten oder wie ein Getto? Zionisten oder Ultraorthodoxe sein? Hier ist natürlich nichts neu. Neu ist vielleicht nur die karnevaleske Neigung des antizionistischen Lagers, sich mit einer ultrazionistischen Maske zu verkleiden, seine Traumata hinter arroganten, nationalistischen Slogans zu verbergen.

Davar, 13. April 1987

Der Graben existiert

Rabbi Menachem Fruman hat mich gebeten, auf einen in *Davar* veröffentlichten Artikel zu antworten, worin er zu einem Dialog zwischen Gush Emunim und der Arbeiterbewegung aufgerufen hat. Das geschah zu der Zeit, als die Führer von Gush Emunim sich für die Amnestie der Mitglieder der jüdischen Terroristenorganisation einsetzten, die sie als »gute Patrioten, die sich ein wenig geirrt haben« bezeichneten.

Ich bin immer ein ausgesprochener Gegner von Gush Emunim gewesen, aber im Herbst 1982 habe ich gleichwohl mit einigen von ihnen in ihren Heimatdörfern in Tekoa und Ofra auf der West-Bank gesprochen. Ich bin nicht dorthin gegangen, um sie zu »bekehren« oder mich mit ihnen »auszusöhnen«, sondern um mich aus erster Hand über diese Bevölkerungsgruppe zu informieren. Und vielleicht habe ich auch das eine oder andere über sie lernen können. Als ich von ihnen gebeten wurde, zu ihnen zu sprechen, habe ich mich hauptsächlich darauf konzentriert, meinen Zuhörern klarzumachen, daß auch ihre Gegner unverbrüchliche Überzeugungen haben, daß jeder Versuch ihrerseits, unsere grundlegenden humanistischen Prinzipien mit Füßen zu treten, als eine Kriegserklärung an uns betrachtet würde und ein unüberbrückbarer Graben die Folge wäre. Ein Jahr später wurde offenbar, daß sich unter den Zuhörern in Ofra einige jüdische Terroristen befunden hatten, darunter einer der Anführer jener Gruppe, die, wie wir inzwischen wissen, den Plan gehabt hatte, in Jerusalem arabische Busse samt ihren Insassen in die Luft zu sprengen und in der Moschee auf dem Tempelberg eine Bombe zu zünden. Sie nahmen wohl an, ich und meinesgleichen seien »Softies«, und schlossen daraus, ich redete über die Gefahr eines Grabens, um mich zu amüsieren, und würde mich, wenn sie ein schreckliches Massaker angerichtet hätten, mit ihnen am Tag nach dem Blutbad bei einem Symposion zusammensetzen, damit wir unsere unterschiedlichen Standpunkte bei einer Tasse Tee bereden würden. Vielleicht zogen sie auch die Möglichkeit eines Grabens in Betracht und gelangten zu dem Schluß, mich und meine Freunde zur Hölle zu schikken. Vielleicht haben sie auch die Bedeutung des Wortes »Graben« nicht wirklich verstanden und dachten, ich meinte damit eine Meinungsverschiedenheit bei irgendeiner Podiumsdiskussion.

Aber ein Graben existiert. Es gibt ihn nicht nur und nicht hauptsächlich wegen der jüdischen terroristischen Mörder und ihrer Komplizen, sondern hauptsächlich wegen ihrer Befürworter und der Art der Verteidigung, die Gush Emunim zum größten Teil zu ihren Gunsten aufgebaut hat. Ich möchte betonen, daß Gush Emunim *keine* terroristische Organisation ist und daß nahezu alle Anhänger von Gush Emunim *keine* Mörder sind. Hier geht es um die Art von Argumenten, die sie verwenden, um eine Freilassung der Mörder zu erwirken.

Ich muß mich korrigieren: Wenn es Gush Emunim nur um eine Freilassung der Mörder ginge, wäre das nicht das Schlimmste. Selbst ein Mörder verdient unter mildernden Umständen unser Mitgefühl.

Aber »Gush« fordert gar keine Freilassung der Mörder. Was man fordert, ist Freispruch, wenn nicht rechtliche Wiedergutmachung oder sogar Heldenmedaillen für »jene Jungs, die das Recht ein wenig selbst in die Hand genommen haben«. Sie sind nicht der Meinung, das Recht selbst in die Hand zu nehmen, sei eine ernsthafte Verletzung des religiösen Gesetzes, sondern betrachten es höchstens als einen »kleinen Fehler, Folge von Überstürztheit«. Ich werde mit Gush Emunim erst wieder reden, wenn sie zumindest den

Mut haben zu erklären, daß sie diesen Freispruch für *Mörder* und nicht für »Missetäter« fordern. Erst wenn sie dazu bereit sind, werde ich mit ihren Sprechern reden. Bis dahin besteht ein Abgrund zwischen mir und allen, die jene verteidigen, die das Recht selbst in die Hand nehmen. Bis dahin bleibt der Graben bestehen. (Ich will nicht alle über einen Kamm scheren: Rabbi Joel Bin-Nun, Sie, Rabbi Fruman und einige andere haben Mord »Mord« genannt. Mit Ihnen werde ich reden. Obwohl ich sehr deutliche Worte verlieren werde über die Beziehung zwischen der andauernden Besetzung und dem Verlust der eigenen Humanität.)

Nachdem ich Ihren Artikel gelesen habe, fürchte ich, Sie haben nicht begriffen, wie tief der Graben ist. Sie scheinen der Ansicht zu sein, daß alles wie gewöhnlich verläuft. »Du sollst nicht töten« besitzt eine umfassende Gültigkeit, die im Gegensatz steht zu dem, was meine möglichen Gesprächspartner von Gush Emunim anstreben: »De jure – Du sollst nicht töten; de facto – Du sollst keinen Juden töten.« Solange, bis Gush Emunim als Bewegung öffentlich erklärt, daß das Blut eines von arabischen Terroristen getöteten Kindes genauso rot ist wie das Blut des Araberkindes A'isha Al-Bahsh, das von einem Mitglied von Gush Emunim namens Jossi Har-Noy in Nablus getötet wurde, bis Gush Emunim erklärt, daß der Mord an Jeschiwa-Schülern sich in keiner Weise vom Mord an Schülern des Islamischen College unterscheidet, solange habe ich Gush Emunim nichts zu sagen, außer jenen, die mit mir – öffentlich – darin übereinstimmen, daß man, was die Identität des Mörders angeht, zwischen Mord und Mord keinen Unterschied machen darf.

Davar, 6. Dezember 1987

Zwischen Mensch und Mitmensch

Claude Lanzmanns Film *Shoah* aus dem Jahr 1985 ist der eindringlichste Film, den ich jemals gesehen habe. Es ist ein Werk, das den Zuschauer verändert.*

Ein früherer KZ-Häftling sagte, nachdem er während des Eichmann-Prozesses im Zeugenstand zusammengebrochen war, Auschwitz sei ein »Planet aus Asche« gewesen, die Vernichtung der Juden habe »auf einem anderen Planeten« stattgefunden und wer nicht dort gewesen sei, werde es niemals verstehen können. Damit hat er in wenigen Worten dieselbe Idee zum Ausdruck gebracht, die Lehrer, Persönlichkeiten des öffentlichen Lebens und Redner uns zu vermitteln versucht haben in ihrem Bemühen, »den in Israel Geborenen ein Bewußtsein vom Holocaust zu geben«. Etwas Unmenschliches ereignete sich dort, etwas Satanisches, Metaphysisches. Wie wenn man die Geschichte mittendurch gebrochen und auf einen anderen Planeten verfrachtet hätte. Der Holocaust sei, wie man uns sagte, und wir sagten uns das selbst vor, »unbegreiflich«.

Schon der Ausdruck »Holocaust« selbst verleiht der Vernichtung einen außermenschlichen Charakter. Ein Holocaust ist ein Ausbruch von Naturkräften, den Menschen weder verursachen noch verhindern oder beeinflussen können; man kann seine Ursachen und Vorkommensweisen noch nicht einmal verstehen. Wie bei einem Erdbeben, einer Flutkatastrophe oder einem Tornado.

Claude Lanzmann hat seinen Film aus einer völlig entgegengesetzten Position heraus gedreht. Obwohl er den hebräischen Titel *Shoah* gewählt hat, können wir, in seiner

---

* Die Zitate aus dem Film beruhen auf Erinnerungen des Autors und sind keine wortwörtlichen Zitate.

Darstellung, die Vernichtung nicht als ein Geschehen außerhalb der Geschichte begreifen, sondern in ihr, nicht jenseits der menschlichen Natur, sondern als Teil davon, sofern wir die kleinsten Details betrachten. Nichts davon geschah auf einem anderen Planeten; alles fand auf dieser Erde statt, inmitten von Wäldern und Wiesen und friedlichen Hügeln, in der Nähe von idyllischen Dörfern, an den Ufern rauschender Bäche, unweit von Menschen, die ihre Kühe hüteten, Karten spielten und die Dächer ihrer Häuser reparierten, um sich auf den Winter vorzubereiten. Es gibt keinen Planeten aus Asche. Die ermordeten Opfer waren keine Heiligen. Es waren Männer, Frauen und Kinder wie überall – optimistisch, ängstlich, mit wenig Phantasie. Auch die polnischen Bauern, die die Massenmorde aus nächster Nähe zufällig zu Gesicht bekamen – gleichgültige, stillschweigende und gehässige Zeugen –, waren Menschen wie andere auch. Und die Überlebenden, die in diesem Film vorkommen und durch Schläue, Glück oder Mut überlebt haben, sind wie andere menschliche Wesen.

Und genauso, um die Wahrheit zu sagen, verhält es sich mit den Mördern. Es sind keine behaarten Teufel gewesen, keine finster blickenden Bestien, keine schäumenden Fanatiker, sondern Menschen wie andere auch. Vielleicht etwas dümmer als die normalen, durchschnittlichen Menschen, aber mehr auch nicht.

Keine einzige Gestalt in dem 9½-Stunden-Film von Lanzmann ist überlebensgroß.

Man darf Lanzmanns Perspektive nicht mit Hannah Arendts bekannter, genialer Theorie von der »Banalität des Bösen« in ihrem Buch *Eichmann in Jerusalem* verwechseln. Lanzmann stellt das Böse nicht als etwas Banales dar, sondern als etwas, das in der Verkleidung des Banalen daherkommt, als eine Mischung aus Egoismus, Dummheit, Gleichgültigkeit und Unwissen, aus Vorurteil mit einem

Beigeschmack von Boshaftigkeit. Lanzmann sieht in der Vernichtung der Juden weder ein mythologisches Drama, eine metaphysische Zerstörung, ein theologisches Experiment noch ein existentielles Symbol. Wie ein Besessener rekonstruiert er durch genaue technische Details die Gesamtheit der Handlungen, die von menschlichen Wesen unter Beihilfe anderer menschlicher Wesen und in Anwesenheit von weiteren menschlichen Wesen an wiederum anderen Massen von menschlichen Wesen begangen wurden, von denen beinahe alle bis zu ihrem letzten Moment nicht verstanden haben, was man ihnen antun würde, und die auch noch gehorchten, als man ihnen befahl, mit Hand anzulegen bei diesem Vorgang. Weil Ungehorsam unmöglich war.

Selbst die paar Helden, die rebellierten, selbst ein oder zwei Interviewte, die begriffen hatten, was damals vorging, sind nicht überlebensgroß. In diesem Film ist kein Platz für Gott, für den Teufel, für den Geist der Geschichte. Der Film nimmt dem Zuschauer die weitverbreitete Ansicht, wonach das Töten ein logisches Resultat des »germanischen Wesens« war, und die landläufige Schlußfolgerung, daß »der Bazillus überall lauert und kein Mensch und kein Volk dagegen immun ist«.

Man erlebt in diesem Film Augenblicke, in denen auf erstaunliche und eindringliche Weise die Intensität des gängigen christlichen Antisemitismus offengelegt wird. Aber die interviewten Nazis verwenden keine christlichen antisemitischen Klischees. Sie reden überhaupt nicht wie Antisemiten. Wir hatten eine schmutzige Aufgabe zu erledigen, sagen sie, wir erfüllten unter besonders schwierigen und häßlichen Bedingungen unsere Pflicht.

Bilder, Symbole oder Kinometaphern kommen in diesem Film beinahe nicht vor. Es gibt allerhand Eisenbahnzüge, die Eisenbahnzüge symbolisieren. Der Schnee steht für Schnee und Wälder stehen für Wälder. Vielleicht ist Lanzmann der Metaphern überdrüssig, weil er weiß, daß die Vernichtung der Juden die »buchstäbliche« Konkretisierung der uralten Metapher war.

Was ist das eigentliche Thema des Films? Er konzentriert sich vor allem auf eine Art »Systemanalyse« im industriellen Sinne des Wortes. Die Massentötungen begannen im Jahre 1941 und wurden mit einfachen, ungeschickten Methoden durchgeführt: Erschießungen und Massengräber. Innerhalb weniger Monate wurden, um »Produktionsengpässe« zu beseitigen, Lastwagen eingesetzt, um menschliche Wesen mit Kohlenmonoxyd, das aus dem Auspuff kam, zu ersticken, und die Massengräber, die Probleme schafften, durch Krematorien ersetzt. Innerhalb eines Jahres wurden raffiniertere Tötungsmethoden entwickelt: Zyklon-B-Gaskammern in Gestalt von Entlausungsduschen und Krematorien, in denen täglich Tausende von Leichen verarbeitet werden konnten. Die technische Perfektionierung ging fast bis zur Niederlage Deutschlands weiter. Der Holocaust schrumpft somit zusammen auf eine Handvoll technischer Ingenieure, die sich eifrig und erfinderisch ihrer Aufgabe widmeten. Und eine Handvoll deutscher Vollzugskräfte in jedem Mordlager. Und einige Dutzend ukrainischer und litauischer »Sicherheitskräfte«, die die an der Front benötigten Deutschen zu ersetzen hatten. Tausende von jüdischen »Produktionsarbeitern«, die man zu einem hohen Grad an Effizienz und Spezialisierung zwang. Und natürlich eine polnische Bevölkerung, damit die Todesindustrie über ein optimales »ökologisches« Umfeld bei der Erreichung der Ziele verfügte.

Nichts davon ist »unfaßbar«: Lanzmann hat nicht die Absicht, sich mit »der Geburt des Grauens aus dem Geiste des Germanentums« zu befassen – mit dem *Nibelungenlied*, Martin Luther, Goethe, Hegel, Chamberlain und Gobineau, Nietzsche und Richard Wagner –, er will sich vielmehr auf die Fakten konzentrieren, auf die Techniken; und wie die Überlebenden, Mörder und Zeugen, Worte verwenden. Hitler zum Beispiel »tritt« nur einmal »auf«: ein jüdischer Handwerker aus Korfu zeigt mit einem Schafslächeln vor der Kamera, wie man vier Schweine zeichnet und dann das Stück Papier auf eine bestimmte Weise faltet, so daß ein Porträt des Führers herauskommt. Sonst nichts. Es gibt da keinen Satan. Der Mord an den Juden erscheint hier als eine zwischenmenschliche Angelegenheit. Ich hätte beinahe geschrieben: »als eine Sache zwischen Mensch und Mitmensch«.

> Hier in diesem Transport
> bin ich Eva
> mit Abel meinem Sohn
> seht ihr meinen grossen Sohn
> Kain Adams Sohn
> sagt ihm daß ich

Dan Pagis, »Mit Bleistift im versiegelten Waggon geschrieben«, aus: *Erdichteter Mensch. Gedichte.*

Sagt ihm, daß ich was?

Nichts. Schweigen. So endet auch Lanzmanns Film. Ein versiegelter Zug fährt die Schienen entlang. Und Schweigen. Keine Lektion, keine moralische Botschaft.

Vielleicht außer der einen banalen Schlußfolgerung: Alle Beteiligten – Juden, Deutsche und Polen – haben Finger; alle haben sie Ohren, Lippen und Wimpern. Alle sind sie alt geworden. Alle kleiden sich an, essen, sitzen, wachen auf und gehen schlafen. Einige sind krank und gebrechlich, andere sehen für ihr Alter gut aus. Keine Schlußfolgerung wurde gezogen, keine Entscheidung getroffen, wenn man vom Leben der Millionen Ermordeten absieht. Der Holocaust geht immer noch weiter, weil das Leiden andauert.

Und das Vergessen geht weiter, einschließlich des Vergessens aufgrund der festen Entschlossenheit zu vergessen. Alles fließt. Es ist, folgt man Lanzmann, möglich und unmöglich, zweimal in denselben Fluß zu steigen. Es ist möglich und unmöglich, in Kains Wohnzimmer bei einer Tasse Tee zu sitzen und mit ihm über Eva und Abel zu plaudern, die im versiegelten Waggon waren.

»Wie haben Sie sich gefühlt?« fragt Lanzmann Franz Suchomel, einen SS-Mann, inzwischen alt und leidend, vor versteckter Kamera.

»Wie haben Sie sich gefühlt, als Sie zum ersten Mal gesehen haben, wie die Leichen aus der Gaskammer in Treblinka herausquollen?«

»Die Menschen fielen heraus wie Kartoffeln«, erinnert sich der alt gewordene Mörder erstaunt und traurig. »Natürlich«, sagt er weiter, »haben wir zuerst geweint wie alte Frauen. Es war katastrophal, Herr Lanzmann. Verstehen Sie? Katastrophal.«

Die starken Nerven der Gottheit und der Humor der Deutschen

Vierzig Jahre lang haben wir uns nun eingeredet, daß der Mord an den europäischen Juden erklärt, aber nicht verstanden werden kann. Man erklärte ihn für unbegreiflich, denn »wenn Sie nicht selbst dort gewesen sind, sind Sie nicht in der Lage...« und so weiter. Und doch konnte die Vernichtung erklärt werden, da es die Begriffe »Kontext« und »Bedeutung« gibt. Und so häufte sich Erklärung auf Erklärung: von Jean-Paul Sartre bis Friedländer, von Hannah Arendt bis Viktor Fränkl, von Elie Wiesel bis Menachem Begin. Es hat marxistische und theologische Erklärungsversuche gegeben. Man hat die intellektuelle Bedeutung und den politischen Hintergrund erforscht. Und man hat die Vernichtung der Juden unter anderem geschichtsphilosophisch und psychoanalytisch erklären wollen.

Claude Lanzmann geht genau umgekehrt vor: Erklärungen haben hier keinen Sinn, aber wir wollen endlich einmal versuchen zu verstehen.

Verständnis ist möglich, wenn wir bereit sind, uns mit den allerkleinsten Details zu beschäftigen. Wie spät war es? Wohin haben sie ihre Kleidung und ihre Schuhe gelegt? Wie kalt war es? Welche Farbe hatten die Todeslastwagen? Wie lange dauerte es, um von der Rampe zum Krematorium zu kommen? Wer bezahlte die Transporte? Wie hat man auf- und abgeladen? Was genau hat man mit den Oberschenkelknochen gemacht, die zu massig für die reguläre Verbrennung waren?

Dieses mikroskopische Detail verleiht Lanzmanns Werk die Dimension eines Tolstoj, Joyce oder Proust. Der Film

Shoah ist *Krieg und Frieden* ähnlich, und in einem anderen Sinn ähnelt er *Ulysses* und *Auf der Suche nach der verlorenen Zeit*. Es ist eine Reise in das Erinnerungsvermögen, das im Idealfall alles dokumentieren will: jeden Sekundenbruchteil, multipliziert mit vier Jahren, mit sechs Millionen. Wie gesagt, Detailbesessenheit. Dies ist theoretisch ein Film ohne Ende, ein Film, der als Aufnahmezeit tausend und mehr Jahre haben will. Es heißt, daß Lanzmann Filmmaterial von 350 Stunden aufgenommen hat, wovon er uns weniger als 10 Stunden gezeigt hat. Prinzipiell betrachtet müßte der Film bis ans Ende der Zeiten weitergehen.

> Ich bin ein Mensch, aber Du bist Gott, du hast
> die Phantasie eines Schöpfers.
> Sicher warst Du unter Deinen Herden
> in Auschwitz und Maidanek,
> in Belzec und Treblinka,
> in Ponari und Bergen-Belsen –
> Du weißt, wie man das Schauspiel beschreiben
> kann
> in jeder Zeile, jedem Stöhnen, jedem Blick.
> Du hast die Phantasie, und Du hast die starken
> Nerven der Gottheit –
>
> Uri Zvi Greenberg, »Straßen des Flusses«

Wir haben nicht die »starken Nerven der Gottheit«. Wir wollen uns keine fortdauernde Sendung von, sagen wir mal, sechs Stunden pro Tag über einen Zeitraum von 50 Jahren anschauen. Lanzmanns Absicht ist daher in demselben Sinn zum Scheitern verurteilt wie Tolstojs, Joyce' und Prousts Bemühungen durch die zeitlichen Grenzen der Menschen zunichte gemacht wurden. Man kann nicht alles dokumentieren. Man kann das Schauspiel nicht mit jeder Zeile, jedem Stöhnen und jedem Blick beschreiben. Aber das ist die

Stoßrichtung von Lanzmanns Bemühung. Es ist seine Art, das »Unbegreifliche« zu begreifen.

Hätte Adolf Hitler den strikten Befehl erlassen, sämtliche Haus- und Nutztiere im gesamten »Dritten Reich« zu vernichten, Hunde und Katzen, Papageien und Goldfische, Pferde, Kühe, Ziegen, Schafe und Schweine, so wäre es wohl im gesamten besetzten Europa und in Deutschland selbst zu Wellen von bürgerlichem Ungehorsam gekommen. Schließlich sorgt man für seinen Hund oder seine Katze. Die Menschen hätten versucht, ihre Haustiere zu verstecken, bis der verrückte Befehl zurückgenommen worden wäre. Die Vernichtung von Pferden, Kühen und Schweinen hätte Millionen von Menschen erregt, deren Lebensunterhalt dadurch gefährdet gewesen wäre, ganz zu schweigen von der Bedrohung der Kriegsziele oder der Tatsache, daß jeder sofort gemerkt hätte, daß wer auch immer diesen Befehl gegeben habe, ein absoluter Irrer sein müsse.

Aber letztlich sind solche Überlegungen sinnlos: ein Jude ist weder ein Goldfisch noch ein Hausschwein. In der Abteilung für Judenangelegenheiten des Reichssicherheitshauptamtes, Berlin, Kurfürstendamm 116, organisierten Adolf Eichmann und seine Helfershelfer die Ermordung von sechs Millionen menschlichen Wesen entsprechend vager Richtlinien (»Entwurf über die organisatorischen, sachlichen und materiellen Belange im Hinblick auf die Endlösung der europäischen Judenfrage ...«), die in einem Brief des Ministeriums von Hermann Göring an Reinhard Heydrich niedergelegt worden waren. Der ungeheure Plan wurde durchgeführt, ohne den deutschen Steuerzahler mit einem einzigen Groschen zu belasten: Der Historiker Raul Hilberg erklärt vor der Kamera, daß der Gestapo Gruppenrabatte (Kinder unter zehn Jahren die Hälfte) von der Reichsbahn gewährt wurden. Die Fahrkarten wurden mit jüdischem Vermögen bezahlt, das die Gestapo von den Bankkonten der Juden konfisziert hatte. Sondergleisanschlüsse, Lager, Baracken, Entkleidungsräume, Gaskammern und Krematorien wurden mit jüdischer Sklavenarbeit errichtet. Die technische Durchführung selbst lag in der Hand weniger Deutscher, die von litauischen und ukrainischen Wacheinheiten unterstützt wurden. Die »schmutzige Arbeit« wurde beinahe gänzlich von jüdischen »Sonderkommandos« verrichtet. Und von Paris bis Bialystok, von Amsterdam bis Saloniki hat das christliche Europa zugesehen, wie die Juden verschwanden – und geschwiegen.

Einige Bauern erklären in Lanzmanns Film das Schweigen besser als alle Theoretiker. Sie, die Juden, haben immer schon gewußt, daß es kommen werde, daß es ihnen irgendwann einmal widerfahren müsse. Und wir, die Bauern, haben gewußt, daß es kommen müsse. Und in ihrem Herzen haben sie, die Juden, gewußt, daß sie der Grund dafür waren, daß es kommen werde. Und wir, die Bauern, haben ebenfalls gewußt, daß sie der Grund dafür waren, daß es kommen werde, denn sie waren allesamt reich und sehr, sehr unehrlich, und sie hatten immer einen schlechten Geruch an sich, und sie waren noch nicht einmal Polen, hielten aber ganz Polen in der Hand, und sie hatten Polen ausgebeutet und Jesus Christus ausgeliefert, um ihn zu kreuzigen, und sogar zugestimmt, vor Pontius Pilatus, daß sein Blut über sie und ihre Kinder kommen werde. Und da wundere man sich, daß es dann letztlich passiert sei? Die Juden waren gar nicht so sehr überrascht und wir auch nicht. Und dennoch muß man sich dessen ein bißchen schämen. Sogar Jesus wollte die Rache nicht so weit treiben. Es wäre viel besser gewesen, wären sie alle nach Palästina gegangen und Schluß damit.

Es ist schon paradox und schrecklich zugleich: Dieser letzte Satz ist eine Art zionistischer Zustimmung zu dem gesamten Film: Es wäre besser gewesen, wären sie alle nach Palästina gegangen und Schluß damit.

Dieser Satz hätte anscheinend von allen Interviewten unterschrieben werden können: den Überlebenden, den polnischen Bauern in Chelmno, den Nazi-Mördern im Film, tatsächlich beinahe allen Personen, vielleicht sogar Claude Lanzmann selbst.

Aber Lanzmann lebt in Paris, und die meisten von ihm interviewten Juden sind über die ganze Welt verstreut, von der Schweiz bis New York.

Erste Szene: Simon Srebnik, die »Nachtigall von Chelmno«, kehrt vierzig Jahre später an den Ort der Massenvernichtungen zurück. Ein polnischer Bauer rudert ihn in einem Boot einen schönen kleinen Fluß hinab, und Simon sitzt im Boot und singt. Er hat hauptsächlich wegen seiner melodischen Stimme überlebt. Im Alter von 13 Jahren, nach dem Getto von Lodz und dem Tod seiner Eltern, wurde er ins Lager gebracht, um mit seiner Arbeit und seinen Liedern den Herrenmenschen zu dienen. Dieser Simon muß ein außergewöhnlich hübsches Kind gewesen sein: selbst die polnischen Bewohner von Chelmno und die Frau des Nazilehrers der deutschen Volksschule erinnern sich im Alter deutlich an den Zauber seiner Lieder auf polnisch und deutsch. Und einmütig sagen sie, wie glücklich sie sind, daß dieses liebe Kind vor dem Tode bewahrt worden ist. Die Gestapo behandelte ihn anscheinend wie einen Talisman oder wie ein Maskottchen ihrer Einheit: Man legte seine Beine in Eisenfesseln, und er lernte, mit gefesselten Beinen zu hüpfen und für die Aufseher sentimental-kitschige Heimatlieder zu singen, um ihr Heimweh zu mildern.

»Das war immer so ruhig hier«, sagt Simon. »Immer. Wenn die haben da jeden Tag verbrannt zweitausend Leute, Juden, es war auch so ruhig.« »Das Feuer«, erinnert er sich,

»ist gegangen zum Himmel«; dennoch war alles ruhig. Niemand hat hier je seine Stimme erhoben.

Lanzmann, ein unnachsichtiger Interviewer, bittet Simon Srebnik, eins dieser Lieder zu singen. Und Simon singt inmitten der polnischen Landschaft. Seine Tenorstimme ist immer noch sehr schön, und die Bauern halten inne, um ihm zuzuhören. Diese Bauern leben in Häusern, die einmal Juden gehört haben.

Nun herrscht Schweigen über diesem Land des
Todes
Und Strahlen und Licht und der Gesang der Vögel
und viele Farben.
Schnüren von Kleinstädten an Flüssen und
Wäldern.
Die Städte der Ebenen halten das Kreuz hoch ...
Iwan und Stepan leben dort in unseren Häusern –

Uri Zvi Greenberg, »Straßen des Flusses«

Mordechai Podchlebnik ist der andere Überlebende von Chelmno. »Es ist für mich nicht gut, darüber zu sprechen«, sagt er lächelnd. Lanzmann drängt wie immer auf Einzelheiten: Zahlen, Ortsangaben, Methoden, Tatsachen. Wie hat man sie getötet? Wo fanden die Tötungen statt? Wie hat man die Leichen beseitigt? Und Podchlebnik beginnt, trotz seines »Es ist für mich nicht gut, darüber zu sprechen«, alles zu beschreiben, mit allen Einzelheiten, ohne sein Lächeln zu verlieren. Lanzmann sagt zu dem Dolmetscher: »Warum lächelt er die ganze Zeit?« Und wie ein Jude aus einer Geschichte von Scholem Aleichem beantwortet dieser Mann, immer noch lächelnd, die Frage mit einer Frage: »Was soll ich seiner Meinung nach tun, weinen?« Und nach einem Augenblick des Überlegens fügt er hinzu: »Und wenn man lebt, lächelt man besser.«

Motke Zaidl ist mit Lanzmann nicht nach Polen gefahren. Er wird in einem Wald in Israel interviewt, nicht in den Wäldern von Ponari. (Die Gegend ähnele Ponari, sagt er, nur habe es keine Steine in Ponari gegeben. Auch seien die Wälder in Litauen viel, viel dichter als die Wälder Israels.)

»Was ist mit ihm geschehen, als er zum ersten Mal die Leichen entlud, als die Türen seines ersten Gaswagens geöffnet wurden?« fragt Lanzmann.

»Was sollte er machen? Am dritten Tag hat er ... seine Frau und seine Kinder in die Grube gelegt und verlangt, daß man ihn tötet. Die Deutschen haben ihm gesagt, er hätte noch die Kraft zum Arbeiten, und sie würden ihn jetzt nicht töten.«

Lanzmann: »War es sehr kalt?«

Zaidl: »Es war im Winter 1942, Anfang Januar.«

Wir hören diese Frage und diese Antwort viele Male in diesem Film. Selbst ein SS-Mann stimmt ohne zu zögern bei: »Ja, uns war sehr kalt. Die armen Juden, die ja völlig nackt waren, haben wahrscheinlich noch mehr gefroren. Vielleicht haben sie sich in den Waggons, auf der Zugfahrt, aufgewärmt, denn dadrin war es sehr eng und das hat etwas Körperwärme erzeugt. Das läßt sich schwer sagen.«

In Vilnius (Wilna), in den Wäldern von Ponari, verbrannte man die Leichen zunächst nicht, sondern begrub sie in Massengräbern. Und das war nicht richtig. Auch was diesen Punkt betrifft, stimmt einer der interviewten Nazis zu: Die Gruben waren nicht tief genug, so daß sich das Erdreich hob und Risse bildete durch die Gase, die die Leichen ausströmten, ein furchtbarer Gestank. »Schrecklich, sehr schrecklich.« »Es war infernalisch«, und Epidemien drohten auszubrechen. Man mußte einen anderen Weg finden.

»Man hat sie«, sagt Itzhak Dugin aus Wilna, »wie Ölsardinen in der Dose begraben. Alle Juden aus Wilna und Umgebung wurden in Ponari vergraben. Insgesamt 90 000.

Aber am 1. Januar 1944 erhielten wir vom Gestapochef von Wilna den Befehl, alle Gruben zu öffnen, die Leichen herauszuziehen und zu verbrennen, damit keine Spuren zurückblieben. Man gab uns einen Plan: wir sollten mit dem Anfang beginnen, also mit den ältesten Gruben anfangen. Als wir die letzten Gruben öffneten, waren die Leichen noch frisch und in sehr gutem Zustand, wegen der Kälte. Als wir das letzte Grab öffneten, habe ich meine ganze Familie wiedererkannt. Meine Mutter und meine Schwestern. Drei Schwestern mit ihren Kindern. Da sie vier Monate lang unter der Erde geblieben waren und es Winter war, waren sie ziemlich gut erhalten. Und so habe ich sie an ihren Gesichtern und dann auch an ihren Kleidern wiedererkannt. In der ersten Grube waren 24 000 Leichen. Je tiefer man grub, um so mehr waren die Körper plattgedrückt, sie waren wie flache Scheiben. Wenn man versuchte, die Leiche herauszuziehen, zerfiel sie vollkommen. Als man uns zwang, die Gruben zu öffnen, wurde uns verboten, Arbeitsgeräte zu benutzen, man hat uns gesagt: ›Daran müßt ihr euch gewöhnen: arbeitet mit den Händen!‹ Wenn wir in Tränen ausgebrochen sind, haben sie uns gnadenlos mit Stöcken geschlagen. Wer das Wort ›Toter‹ oder ›Opfer‹ aussprach, bekam Schläge. Die Deutschen zwangen uns, von den Leichen zu sagen, daß es ›Figuren‹ seien, das heißt... Marionetten, Puppen oder *Schmattes*, das heißt Lappen. Wir mußten diese Figuren so verbrennen, daß nicht die geringste Spur zurückblieb.«

In den Wäldern um das Todeslager Sobibor versuchte man ebenfalls, die Spuren zu verwischen und jede Erinnerung auszulöschen. Ein polnischer Augenzeuge sagt, daß sich die Deutschen in Treblinka, nachdem das Lager 1943 geschlossen worden war, die Mühe machten, Kiefern zu pflanzen, »es waren vierjährige Setzlinge«, so daß man etwa im Jahre

1944 keine Spur mehr von dem erkennen konnte, was dort geschehen war.

Lanzmann hat niemanden auftreiben können, den er nach der Ursache für diese deutsche Diskretion hätte fragen können: War es Furcht vor Bestrafung, falls die Deutschen den Krieg verlieren würden? Und falls ja, Bestrafung durch wen? War es vielleicht Scham? Und wenn ja, Scham wem gegenüber?

Während des Eichmann-Prozesses in Jerusalem veröffentlichten die *Nürnberger Nachrichten* am 26. April 1961 folgenden Kommentar:

»Bei den Vorurteilen, die sich bei gewissen Leuten, namentlich im Ausland, gegenüber dem Nationalsozialismus und insbesondere gegen dessen Rassenpolitik, teils aus mangelnder Aufklärung, teils aus fehlendem Verständnis, teils aus purer Böswilligkeit, angesammelt haben, mußte man damit rechnen, daß der Eichmann-Prozeß solchem Unverständnis neue Nahrung geben würde.

Aber jetzt stellt sich heraus, daß dieser Prozeß neben vielem Unguten auch einige, bisher unbekannte und für die Beurteilung der deutschen Vergangenheit erfreuliche Dinge ans Tageslicht fördern wird, Tatsachen, die dazu geeignet sind, manche dieser bisher falschen Einschätzungen zu korrigieren; ... [Eichmann] war ein braver ... junger Mann ... [und hat] nach eigenem Zeugnis die ihm auferlegten scheußlichen Obliegenheiten nie anders als mit Widerwillen und innerem Widerstreben erfüllt.

Er sei ›alles andere als eine robuste Natur‹ – sagt Eichmann –, er hätte ›nie Arzt werden dürfen‹, bekannte er, ›denn schon eine klaffende Schnittwunde verursache ihm Übelkeit, und er müsse wegsehen‹. ... Im Lager Chelmno war Eichmann, wie er berichtet, einmal Zeuge, wie eine Gruppe von nackten Juden im Gaswagen umgebracht wurde. Glaubhaft, ..., berichtet er, daß er nicht genau hinsehen konnte, sondern wegschauen mußte. Das Geschrei der Opfer ging ihm auf die Nerven.«

In einem Artikel einer anderen Zeitung, der *Süddeutschen Zeitung* vom 25. Mai 1961, heißt es:

»...Ein Zeuge, der von den Vernichtungsmethoden in Galizien berichtet, soll die Frage beantworten, warum die Ghettobesatzung, ihre Liquidation vor Augen, sich nicht zu einem letzten, wenn auch sinnlosen Schlag aufgerafft habe. ...Welches Unverständnis – diese akademische Frage. ...Niemand, der es nicht erlebt habe, könne diese Verfassung nachempfinden...

Die Argumente des Zeugen, sage ich [der Berichterstatter des Eichmann-Prozesses], müsse man wohl auch für das deutsche Volk gelten lassen: der Krieg, der als von außen aufgezwungener Existenzkampf verstanden wurde, die täglichen Sorgen ums eigene Dasein, die Angst vor einem System...«

Gegen Ende des Artikels fügt der Berichterstatter einige Worte der Bewunderung für die Schönheit des Volkes Israel an: »...ein junges Volk, das mit Begeisterung die Waffen trägt, das sein Vaterland liebt ohne intellektuellen Zweifel, das seine Nationalität geradezu mit der Humanität identifiziert. Kommt her, sagen sie, und schaut: Sehen wir wie Juden aus? In der Tat, man könnte an den Gesichtern eher die Herkunftsländer ablesen als einen gemeinsamen jüdischen Nenner. Und wenn es dereinst, nach Einschmelzung so vieler Nationalitäten, in Israel eine Art nationales Einheitsgesicht geben sollte, so wird es dem traditionellen, dem angeblich traditionellen Judengesicht der Diaspora nicht mehr ähnlich sein.«

(Beide Zitate sind entnommen: *Der Eichmann-Prozeß in der deutschen öffentlichen Meinung*. Eine Dokumentensammlung von Hans Lamm. Frankfurt am Main 1961.)

In Lanzmanns Film beschreibt ein Pole, aus Kolo oder Chelmno, den Empfang, den man den deportierten Juden auf einer der Bahnhofsrampen bereitete. »Das war wirklich der Humor der Deutschen.«

Sie sind wirklich nach Gottes Ebenbild geschaffen

Hier ist ein Beispiel für den »wahren deutschen Humor«: Rudolf Vrba, eloquent, charismatisch, elegant in seinem schicken Maßanzug, Vrba, der am 7. April 1944 aus Auschwitz entkam, beschreibt mit leichtem, zynischem Lächeln seine Arbeit in der Registratur des Todeslagers:

»Es war Nacht in Auschwitz. Man weckte uns zur Arbeit. Da war die Rampe, und die SS stand aufgereiht; alle Meter ein SS-Mann mit Hunden und der Waffe in der Hand. Alles war angestrahlt. Wir warteten. Die Lokomotive fuhr langsam. Nun hielt der Zug. Einer dieser Unterscharführer ging von einem Waggon zum nächsten und öffnete die Türen von außen. Die Leute schauten durch die Fensterluken, die mit Stacheldraht versehen waren. Sie waren seit 10 oder 14 Tagen unterwegs. Sie waren hungrig, durstig, erschöpft. In den Waggons saßen die noch Lebenden auf den Toten und Sterbenden. Sie hatten keine Vorstellung, was dieser Halt bedeutete. Der Name Auschwitz sagte ihnen nichts. Sie strömten aus den Waggons, und die Deutschen schrien ›Raus! Schnell!‹ und schlugen sie mit ihren Peitschen und Stöcken.

Aber einmal sprach einer der deutschen Offiziere die Menge auf der Rampe mit ungewöhnlicher Höflichkeit an: ›Willkommen‹, sagte er. ›Entschuldigen Sie bitte die unbequeme Reise. Jeder von Ihnen erhält in Kürze eine Tasse Tee, und man wird sich Ihrer annehmen. Sie werden sich hier wohlfühlen.‹«

In einer geheimen Ansprache vor SS-Obergruppenführern lobte der »Reichsführer SS« Heinrich Himmler am 4. Oktober 1943 in Posen seine unbesungenen Helden, die ihre schwierige, undankbare Aufgabe ausführten:

»...Ich will hier vor Ihnen in aller Offenheit auch ein ganz schweres Kapitel erwähnen. Unter uns soll es einmal ganz offen ausgesprochen sein, und trotzdem werden wir in der Öffentlichkeit nie darüber reden... Ich meine jetzt... die Ausrottung des jüdischen Volkes... Von euch werden die meisten wissen, was es heißt, wenn 100 Leichen zusammenliegen, wenn 500 Leichen daliegen oder wenn 1000 daliegen. Dies durchgehalten zu haben und dabei, abgesehen von Ausnahmen menschlicher Schwächen, anständig geblieben zu sein, das hat uns hart gemacht. Dies ist ein niemals geschriebenes und niemals zu schreibendes Ruhmesblatt unserer Geschichte...«

»Am 31. August [1942] befahl Himmler dem Einsatzgruppenführer in Minsk, hundert Personen in seiner Gegenwart zu erschießen, damit er es sich einmal ansehen könne. Dem SS-Obergruppenführer von dem Bach-Zelewski zufolge wurde Himmler beim Anblick der ersten zusammenbrechenden Opfer fast ohnmächtig. Wenige Minuten später, als der sah, daß zwei jüdische Frauen nicht sofort tot waren, bekam er einen hysterischen Wutanfall. Dieses Erlebnis war mit ein Grund für Himmlers Befehl, in Zukunft Frauen und Kinder in Gaswagen zu töten.« (Beide Zitate aus: William L. Shirer, *Aufstieg und Fall des Dritten Reiches*.)

Dann fährt die Kamera auf einen Berg von Koffern im Museum von Auschwitz. Jeder Koffer trägt den Namen seines Besitzers, seine Adresse und in einigen Fällen sein Geburtsdatum. Der erste Koffer, den wir zu sehen bekommen, gehörte einer Maria Kafka, der letzte einem Hermann Pasternak.

Die Polen: Ein schmächtiger Lokomotivführer, der früher einmal, von den Deutschen mit Wodka-Sonderrationen gestärkt, die Deportationszüge voller Juden ins Todeslager Treblinka gefahren hat, fährt nun noch einmal einen Zug zum Bahnhof Treblinka. Als er auf der Höhe des Signals ist, hält er, lehnt den Oberkörper aus dem Fenster des Führerhauses und wendet sich zu den Juden, die dort nicht mehr sind. Sein Gesicht ähnelt dem eines alten Fuchses; er fährt langsam mit der Hand quer über die Kehle, um das Abschlachten anzudeuten. Alle Überlebenden erinnern sich daran, daß bei jedem Halt die polnischen Bauern, wenn sie die vollgepackten Züge sahen, dieselbe Geste quer über die Kehle machten. »Wir wollten sie nur warnen«, erklärt der polnische Augenzeuge. Aber die Geste ist ein Ausdruck von Bosheit und Sadismus.

»Wir haben wie immer auf den Feldern in der Nähe weitergearbeitet«, erinnert sich Czesław Borowi, ein dicker, fröhlicher Bauer, und die Bauern aus der Nachbarschaft bestätigen seine Worte: »Manchmal haben wir furchtbare Schreie gehört.«

»Hat es denn nicht gestört, so nahe an diesen Schreien zu arbeiten?« fragt Claude Lanzmann.

»Am Anfang war das wirklich nicht auszuhalten, aber danach, man gewöhnt sich...«

Jeder Transport bestand aus 60 bis 80 Waggons, führt Borowi weiter aus. Die dicken, reichen Juden aus dem Ausland kamen in Pullmanwagen an. Unsere Juden, die polnischen, sagt er, kamen hungrig und durstig hierher. Sie warteten in den Waggons. Sie weinten und baten um Wasser. Manchmal waren sie nackt. »Wenn die Transporte angekommen waren, wurde den Juden Wasser gegeben. [Wer gab den Juden Wasser?] Wir, wir, die Polen. Es war sehr gefährlich, man konnte getötet werden.«

»Ist es im Winter hier sehr kalt?«

»Manchmal bis zu minus 25, 30 Grad.«

Der Lokomotivführer mit dem Fuchsgesicht steht nachdenklich auf dem Bahnhof von Treblinka.

»Warum sind Sie traurig?«

»Weil sie viele Menschen getötet haben. Ich verstehe nicht, wie ein menschliches Wesen dies einem anderen hat antun können.«

Lanzmann interviewt Abraham Bomba, einen Friseur, der jetzt in Holon lebt, auf einem Boot in der Nähe der Küste; die Luxushotels von Tel Aviv sind im Hintergrund unter einem blendend blauen Himmel zu sehen. »Die Juden haben immer geträumt«, sagt er, »das war der Kern ihres Lebens, der Kern ihres Wartens auf den Messias war es, zu träumen, daß sie eines Tages frei sein würden. Dieser Traum wurde vor allem im Getto geträumt. Der erste Transport verließ Czestochowa am Tag vor Jom Kippur. Am Vorabend des Sukkot-Festes wurde der zweite Transport zusammengestellt... ich gehörte dazu. Tief in mir hatte ich eine Vorahnung, denn es ist ein schlechtes Zeichen, wenn sie die Kinder nehmen, die Alten. ›Dort werdet ihr arbeiten‹, sagte man ihnen. Aber was heißt Arbeit für eine alte Frau, ein fünfjähriges Kind, einen Säugling? Es war absurd, aber trotzdem, da war nichts zu machen, wir haben ihnen geglaubt.«

Der SS-Offizier Franz Suchomel wurde nicht nur von einer versteckten Kamera gefilmt, auch seine Stimme wurde mit Hilfe eines Wagens, der mit raffinierten Abhöreinrichtungen ausgestattet und in der Nähe seiner Wohnung geparkt war, aufgenommen. Lanzmann gab Suchomel ein Versprechen, das er nicht halten wollte, nämlich seine Anonymität zu wahren, und Lanzmann hat auch völlig zu Recht sein Versprechen nicht aus dem Film herausgeschnitten.

»Wie geht es Ihrem Herz? Ist alles in Ordnung?«

»...Ja, ich bin sehr zufrieden mit dem heutigen Tag. Weil schönes Wetter ist. Hochdruckwetter. ... Wenn ich Schmerzen habe, werde ich es Ihnen sagen. Dann müssen wir unterbrechen.«

Aber es besteht kein Anlaß zu einer Unterbrechung: Herrn Suchomel geht es nicht ans Herz, und er fühlt sich während des gesamten Interviews sehr gut.

»Wir werden mit Treblinka anfangen.«

»Ja, bitte sehr.«

»Wie war Treblinka, wann sind Sie dort angekommen?«

»Mitte August.«

»Am 20. oder am 24. August?«

»Am 18. August... Man hat damals das Warschauer Getto geleert. Es sind angekommen in zwei Tagen ungefähr drei Züge, und immer mit drei-, vier- bis fünftausend Menschen, alles aus Warschau. ... Also so, daß in Treblinka angekommen sind fünftausend Juden, und davon waren dreitausend tot... Ausgeladen hat man Halbtote. ... Weiter, da haben schon Leute, Juden, gewartet im Auffanglager zwei Tage, weil die kleinen Gaskammern das nicht mehr verarbeitet haben. ... Die haben es geahnt. Sie waren vielleicht im Zweifel, aber manche werden es gewußt haben. ... Weil sie doch das Rattern der Motoren von der Gaskammer gehört haben. Da war ein Panzermotor in dieser Gaskammer. In Treblinka hat man nur Auspuffgase genommen. Zyklon war Auschwitz.«

»Sie wußten gar nichts?«

»Nein. Wir haben das...«

»Aber das ist unglaublich.«

»Ja, aber es ist so. Ich wollte ja nicht hingehen. ... Und mir hat man gesagt: ›Ja, Herr Suchomel, dort sind große Werkstätten für Schneider und Schuster, die werden Sie überwachen.‹ Man hat gesagt: ›Der Führer hat Umsiedlungsaktionen angeordnet. Das ist ein Führerbefehl!‹... als wir hinauskamen, gingen gerade die Türen auf von der Gaskammer, und die Menschen fielen heraus wie Kartoffeln. Das hat uns natürlich erschreckt und entsetzt. ...Der Geruch war infernalisch. ...Das hat furchtbar gestunken, daß man kilometerweit... hat Eberl – Eberl war Lagerkommandant – endlich erreicht, hat in Lublin angerufen: ›Es geht nicht mehr weiter, ich kann nicht mehr weiter, es muß ein Stop gemacht werden.‹ Und eines Nachts kam Wirth [SS-Major Christian Wirth]. Der hat sich das angesehen und ist gleich wieder abgefahren und kam mit Leuten aus Belzec. Also mit Praktikern. Und Wirth hat einen Transportstop erreicht. ...Und weil soviel Menschen anfielen, soviel Tote, die man nicht wegräumen konnte, lagen tagelang ganze Haufen von Menschen vor der Gaskammer. Unter diesen Menschen war eine Kloake, zehn Zentimeter hoch, Blut, Würmer und Dreck. ...Es wollte das niemand wegräumen. Die Juden, die haben sich lieber erschießen lassen, und haben dort nicht arbeiten wollen. Es war fürchterlich. Ihre eigenen Leute begraben und da das ganze Ding sehen. Von den Leichen ist das Fleisch weggegangen. So ging Wirth selbst hinauf, mit einigen Deutschen, und ließ Riemen schneiden, lange Riemen, die hat man den Leichen um die Brust gelegt und sie weggeschleift.«

»Wer hat das gemacht?«

»...Deutsche und Juden. ...In dieser Situation mußten auch Deutsche mit angreifen.«

»Treblinka«, sagt Suchomel bescheiden, »war ein zwar primitives, aber gut funktionierendes Fließband des Todes. ...Primitiv. Merken Sie sich das. Ja, Auschwitz war eine Fabrik.«

Die »schmutzige Arbeit« wurde von Juden verrichtet. Filip Müller, ein tschechischer Jude, Mitglied des Sonderkommandos, der fünf »Selektionen« in Auschwitz überlebte, beschreibt, wie ein »Produktionsfehler« das gesamte Geschehen einige Zeit unterbrechen konnte: In einem Fall konnten unerfahrene Arbeiter nicht verhindern, daß die Ventilatoren der Krematorien überhitzt wurden, so daß man eine Zeitlang zum improvisierten Verscharren der Leichen in Gruben zurückgriff. »Jeder Störfall hätte so viele Menschen retten können. Aber es gab nicht viele Störfälle. Sie brachten uns bei, sehr schnell und fachmännisch zu arbeiten.«

Der Historiker Raul Hilberg sagt in dem Film, die Deutschen hätten nur wenige Neuerungen eingeführt. Die Gaskammer erfanden sie. Das war etwas Neues. Aber beinahe alles Übrige war eine Nachahmung historischer Präzedenzfälle: der Ausschluß der Juden von gewissen Berufen, das Verbot von Mischehen, das Verbot für christliche Frauen unter 45 Jahren, in jüdischen Haushalten zu arbeiten, der gelbe Davidsstern, die Isolierung der Juden in Gettos. All dies hatten religiöse und weltliche Instanzen in den fast 2000 Jahren des Christentums bereits vorexerziert. Groß war das angehäufte Wissen in dieser Hinsicht, und die Nazis haben es lediglich präziser und im größeren Maßstab zur Anwendung gebracht. Die meisten Gesetze und Erlasse, die im »Dritten Reich« bis 1939, aber auch später erlassen wurden, waren nicht vollkommen neuartig. Das Bild der Juden in der Nazipropaganda wurde aus der Zeit Martin Luthers übernommen. Eigenständig und kreativ wurden die Nazis erst in der Phase der »Endlösung«. Hier mußten sie sich etwas einfallen lassen, da es keine ausreichenden Präzedenzfälle gab.

Seit dem 4. Jahrhundert, fährt Hilberg fort, hat sich der Judenhaß in Stufen gesteigert: 1. Als Juden dürft ihr nicht in unserer Mitte leben (Ergebnis: Gettos). 2. Ihr dürft nicht unter uns leben (Ergebnis: Vertreibung). 3. Ihr dürft überhaupt nicht leben (Ergebnis: vollständige Vernichtung).

Die dritte Stufe stellte die Neuerung durch die Nazis dar. Man gab der Bürokratie nur allgemeinste Richtlinien, wodurch man auf Phantasie und Originalität bei der Lösung der Probleme zurückgreifen mußte: Wie organisiert man das alles? Wie vertuscht man alles? Wie löst man das Transportproblem? Wie enteignet man Besitz? Wie finanziert man alles? Wie soll vernichtet werden? Wohin mit den Leichen?

Die Nazi-Lösungen waren technisch, »farblos«. Aber hinter der Farblosigkeit steckte ein brillanter, großer Plan: der Transport von Millionen Menschen in den Tod auf die kürzeste, einfachste Weise aufgrund eines Vorgehens, das auf einer sorgfältig kalkulierten Dosis von Täuschung basierte, von Einschüchterung und Raffinesse, von Abtötung des Willens der Opfer, so daß sie nicht glauben wollten, was sie erwartete, und sich nicht zu Verzweiflungstaten wie Flucht, Widerstand oder Ausbrüchen von Massenpanik aufrafften. Jegliches Anzeichen von Panik hätte den Ablauf ohne Zweifel behindert. Man mußte daher Euphemismen verwenden, sogar in internen Unterlagen; eindeutige Bezeichnungen mußten zensiert werden, und an ihre Stelle mußten unschuldige, ermutigende Worte treten, etwa »Umsiedlung«, »Berufsschulung«, »Sonderbehandlung«, »Ware«. Die Vernichtung selbst wurde mit klassischen antisemitischen Metaphern umschrieben: Die Welt von den Juden reinigen; den Körper von Parasiten befreien; die Juden von ihren Krankheiten heilen. (Diese letzte Metapher wurde auch unter Juden selbst sehr geläufig; die Zionisten haben sich ihrer häufig bedient.) Und so zerrte man die Juden zur Waschung, unter die Dusche, die sie reinigen würde, so daß sie »eine neue Seite aufschlagen« könnten. Ganz tief im Herzen wollten auch die Juden gereinigt werden und eine neue Seite aufschlagen. Die Metapher der Dusche wird somit von einem Funken Genialität erleuchtet, weit entfernt von der bürokratischen Farblosigkeit, die man den Nazis gewöhnlich attestiert. Die Phantasie der Mörder konnte sich der begrenzten Phantasie der Ermordeten bedienen. Die schöpferische Phantasie von Hitler, Himmler, Eichmann und Golovenchik übertraf die Phantasie von Maria Kafka und Herman Pasternak. Die einzigen Überbleibsel von Kafka und Pasternak waren leere Koffer in einem Berg von Gepäck.

In ihrem Buch *Eichmann in Jerusalem* argumentiert Hannah Arendt, das Böse sei nicht satanisch und wir sollten es nicht mit einer hohen, nebulösen Dimension, einer romantisch-dämonischen, geheimnisvollen Magie versehen. In ihren Worten: das Böse ist »banal«. Die Nazi-Verbrechen sind von kleinen Bürokraten begangen worden. Die Mörder hätten jeder und alle sein können, und nur die technische »Massengesellschaft« und ihre unpersönlichen Formen haben die »Endlösung« möglich werden lassen. In einem Essay mit dem erstaunlichen Titel »Bruder Hitler« hat Thomas Mann 1938 ähnliche Gedanken geäußert. Thomas Mann hat diese Worte nach dem Ausbruch des Zweiten Weltkriegs niemals wiederholt.

In Saul Bellows *Mr. Sammlers Planet* findet sich folgende Unterhaltung:

»›Die Idee ist folgende‹, sagte Margot, ›daß der Geist des Bösen hier nicht groß ist. Diese Leute waren zu unbedeutend, Onkel. Es waren ganz gewöhnliche Leute der unteren Klassen, Verwaltungsmenschen, kleine Bürokraten... Eine Massengesellschaft bringt keine großen Verbrecher hervor. ...Es ist, wie wenn man statt an einen Wald mit Riesenbäumen an kleine Pflanzen mit kurzen Wurzeln denken muß.‹«

Arkin sagt: »Genug, genug von diesem Weimarer *schmaltz*. Hör auf, Margot!«

Und Onkel Sammler, der vor dem Erschlagen gerettete

Kyklop, sagt: »Die Idee, das große Verbrechen des Jahrhunderts langweilig erscheinen zu lassen, ist nicht banal. Politisch, psychologisch hatten die Deutschen eine geniale Idee. Die Banalität war bloß Tarnung. Wie kann man den Mord besser von seinem Fluch befreien als dadurch, daß man ihn alltäglich, langweilig oder platt erscheinen läßt? Mit gräßlicher politischer Einsicht fanden sie eine Methode, die Sache zu bemänteln. Intellektuelle begreifen nicht. Sie holen sich ihre Vorstellungen von derartigen Dingen aus der Literatur. Sie erwarten einen bösen Helden wie Richard III. Aber glaubst du, die Nazis hätten nicht gewußt, was Mord ist? Jeder Mensch (ein paar Blaustrümpfe ausgenommen) weiß, was Mord ist. Das ist sehr altes menschliches Wissen. Die besten und reinsten Menschen haben von Anbeginn der Zeit verstanden, daß das Leben heilig ist. Diesem alten Verständnis zu trotzen ist nicht banal. Es war eine Verschwörung gegen die Heiligkeit des Lebens. Banalität ist die aufgelegte Tarnung eines sehr kräftigen Willens, das Gewissen abzuschaffen. Ist ein solches Projekt trivial? Nur wenn das menschliche Leben trivial ist. Der Feind jener Professorin [Hannah Arendt] ist die moderne Zivilisation selber. Sie bedient sich bloß der Deutschen, um das zwanzigste Jahrhundert anzugreifen... Bedient sich einer tragischen Geschichte, um die hirnverbrannten Ideen Weimarer Intellektueller zu fördern.«

> Nein, nein, es waren sicher
> Menschen: Uniform, Stiefel.
> Wie soll ichs erklären, sie wurden
> nach Seinem Bild erschaffen.
>
> Ich war ein Schatten.
> Ich hatte einen anderen Schöpfer.
>
> Dan Pagis, »Zeugenaussage«, aus:
> *Erdichteter Mensch*.

Der polnische Bahnhofsvorsteher von Sobibor, ein Mann, der wie ein pedantischer Studienrat aussieht und handelt, erzählt in dem Film, wie man zunächst kleine Arbeitsgruppen von Juden herschaffte, um das Lager zu errichten. »Wir dachten, es würde eine Art Arbeitslager. Ende Juni kam der erste Konvoi. Das waren vielleicht über vierzig Waggons. Dieser Konvoi wurde von SS in schwarzen Uniformen begleitet. Das alles geschah an einem Nachmittag, als ich gerade meine Arbeit beendete. ... Zuerst, als das Lager gebaut wurde, waren auf deutsch Befehle gebrüllt worden, hatte man Schreie gehört, ... Als ich am nächsten Morgen hierhergekommen bin, um zu arbeiten, herrschte eine vollkommene Stille auf dem Bahnhof. Ich hatte keine Vorstellung, daß sie an der völligen Vernichtung aller Juden beteiligt waren. Ich habe mich gefragt: Wo sind sie? Diese Juden, wo hat man sie hingetan? Alles war ruhig. Das war eine idyllische Stille.«

Zwischen Wort und Bild

Aus einem fahrenden Auto zeigt die Kamera Schornsteine im Ruhrgebiet, dem industriellen Herzen Deutschlands, damals wie heute. Riesige Industrieanlagen, Förderbänder, haushohe Kräne – Stahl, Beton und Rauch. Vor dem Hintergrund dieser vorüberziehenden Bilder liest der Sprecher ein deutsches Dokument vom 5. Juni 1942 (auf den Tag 25 Jahre später sollte in Israel der Sechstagekrieg ausbrechen). Dieses Dokument ist ein technischer Plan zur Veränderung und Verbesserung der Gaswagen aufgrund der gewonnenen Erfahrung. »Seit Dezember 1941 wurden beispielsweise mit 3 eingesetzten Wagen 97 000 verarbeitet, ohne daß Mängel an den Fahrzeugen auftraten. Die bekannte Explosion in Kulmhof ist als Einzelfall zu bewerten. Ihre Ursache ist auf einen Bedienungsfehler zurückzuführen. Zur Vermeidung von derartigen Unfällen ergingen an die betroffenen Dienststellen besondere Anweisungen. ... Die sonstigen bisher gemachten Erfahrungen lassen folgende technische Abänderungen zweckmäßig erscheinen. ... Die Beleuchtungskörper sind stärker als bisher gegen Zerstörungen zu sichern. ... Aus der Praxis wurde vorgeschlagen, die Lampen entfallen zu lassen, da sie angeblich nie gebraucht werden. Es wurde aber in Erfahrung gebracht, daß beim Schließen der hinteren Tür und somit bei eintretender Dunkelheit immer ein starkes Drängen der Ladung nach der Tür erfolgte. Dieses ist darauf zurückzuführen, daß die Ladung bei eintretender Dunkelheit sich nach dem Licht drängt. Es erschwert das Einklinken der Tür. Ferner wurde festgestellt, daß der auftretende Lärm wohl mit Bezug auf die Unheimlichkeit des Dunkels immer dann einsetzt, wenn sich die Türen schließen. Es ist deshalb zweckmäßig, daß die Beleuchtung vor und während der ersten Minuten des Betriebs eingeschaltet wird. Auch ist die Beleuchtung bei Nachtbetrieb und beim Reinigen des Wageninnern von Vorteil... Um eine handliche Säuberung des Fahrzeuges vornehmen zu können, ist der Boden in der Mitte mit einer dicht verschließbaren Abflußöffnung zu versehen. Der Abflußdekkel mit etwa 200 bis 300 mm $\emptyset$ erhält einen Syphonkrümmer, so daß dünne Flüssigkeit auch während des Betriebes ablaufen kann. ...Eine Verkleinerung der Ladefläche erscheint notwendig. Sie wird erreicht durch Verkürzung des Aufbaues um ca. 1 m. Vorstehende Schwierigkeit ist nicht, wie bisher, dadurch abzustellen, daß man die Stückzahl bei der Beschickung vermindert. Bei einer Verminderung der Stückzahl wird nämlich eine längere Betriebsdauer notwendig, weil die freien Räume auch mit CO angefüllt werden müssen. Dagegen reicht bei einer verkleinerten Ladefläche und vollständig ausgefülltem Laderaum eine erheblich kürzere Betriebsdauer aus, weil freie Räume fehlen.

In einer Besprechung mit der Herstellerfirma wurde von dieser Seite darauf hingewiesen, daß eine Verkürzung des Kastenaufbaues eine ungünstige Gewichtsverlagerung nach sich zieht. Es wurde betont, daß eine Überlastung der Vorderachse eintritt. Tatsächlich findet aber ungewollt ein Ausgleich in der Gewichtsverteilung dadurch statt, daß das Ladegut beim Betrieb in dem Bestreben nach der hinteren Tür immer vorwiegend dort liegt. Hierdurch tritt eine zusätzliche Belastung der Vorderachse nicht ein. ...Vorstehende technische Änderungen sind an den im Betrieb befindlichen Fahrzeugen nur dann nachträglich auszuführen, wenn jeweils ein Fahrzeug einer anderen größeren Reparatur unterzogen werden muß.«

Man hält inne und denkt über den Stil dieses Dokuments nach. Hatte Hannah Arendt letztlich doch recht, als sie sagte, der größte Mord in der gesamten Geschichte sei von kleinen, farblosen Menschen ausgeführt worden, die nicht wußten, was sie taten? Ist das nicht die Sprache eines bürokratischen Nichts, eines kleinen Technokraten, der mit seinen beschränkten Fähigkeiten seine Aufgabe bestmöglich bewältigen will?

Oder hat Mr. Sammler in Saul Bellows Roman recht, wenn er Hannah Arendt kritisiert und sagt, jeder Mensch wisse, was Mord sei, und die Banalität sei lediglich Tarnung?

Die Entstellung der Sprache hat den Weg zu diesem Mord geebnet. Bereits Generationen vor Hitler haben Massenmörder gewußt, daß man zunächst die Worte entstellen muß, bevor man diejenigen, die diese Worte verwenden, korrumpieren kann, damit diese wiederum fähig werden zum Mord als Reinigung, Säuberung, als Heilung. Wer seinen Gegner »Tier«, »Parasit«, »Laus«, »Raubtier« oder »Krankheitserreger« nennt, bereitet die Menschen auf einen Mord vor.

Das deutsche Wörterbuch der Zerstörung – »Lösung«, »Endlösung«, »Erziehung zur produktiven Arbeit«, »Umsiedlung«, »Behandlung«, »Spezialbehandlung«, selbst der unverhohlenste Ausdruck »Vernichtung« – ruft immer noch Mäuse oder Termiten in Erinnerung, aber nicht menschliche Wesen.

Das Wortfeld des hebräischen Wortes »Schaudern« – »Holocaust«, »Schaf vor dem Schlachten«, »wütender Feind«, »Unterdrücker«, »Amalek«, »die Nazi-Bestie«, ja sogar, und stets im selben Atemzug, »Holocaust und Heldentum« – zeigt den Versuch, zu umgehen, abzumildern, zu verkleinern, zu trösten oder alles in ein bekanntes, vertrautes historisches Muster einzubetten: »Pharao«, »verrucht«, »Haman«, »Kosaken«, »Pogrome«, »Antisemiten«.

Wir sollten somit, wenn wir aufwachen, Tag für Tag die

Worte in der Zeitung wie auch unsere eigenen Worte prüfen. Wir sollten Worte wie Handgranaten behandeln.

Der herzkranke Mörder Franz Suchomel antwortete auf Lanzmanns eindringliche Fragen und sang für ihn (und für die versteckte Kamera und das Tonbandgerät) das Lied jener Einheit, die die Morde ausführte. Es war ein Hymnus an die Pflicht, ein Lob jener, die gehorchten, selbst wenn der Gehorsam schwierig und schrecklich war, selbst wenn es keine Aussicht auf Ruhm gab. Lanzmann hat auch Simon Srebnik, »die Nachtigall von Chelmno«, überredet, einige Lieder von damals zu singen. Suchomels Stimme ist, im Gegensatz zu der Srebniks, gebrochen. Er singt nicht schön. Die Melodie klingt lächerlich falsch, und der Mörder entschuldigt sich dafür: »Ja. Wir machen das unter Lachen, und es ist so traurig!« (Niemand lacht.)

Und anschließend erläutert er, »um der Geschichte willen«, mit einem Zeigestock in der Hand, wie man alles gemacht hat, wobei er eine vergrößerte Karte des Lagers Treblinka vor sich hat. »[Treblinka] war nicht groß. Fünfhundert Meter in der weitesten Ausdehnung. . . . Achtzehn-[tausend] ist zu hoch. . . . Herr Lanzmann, das ist zu hoch gegriffen. Glauben Sie mir das. Zwölf- bis fünfzehntausend, aber da wurde auch die halbe Nacht dazu genommen. Es kamen dreißig bis fünfzig Waggons. Da wurden immer zehn bis zwölf bis fünfzehn Wagen aufgeteilt, nach Treblinka ins Lager hineingefahren und an die Rampe gebracht. Der Rest blieb stehen, mit Leuten, am Bahnhof Treblinka. . . . Und auf den Dächern waren die Bluthunde, die Ukrainer oder Letten. Die Letten waren die schlechtesten. An der Rampe standen für jeden Waggon zwei Juden vom Kommando Blau bereit, damit das schnell ging. . . . Dort sind dann Ukrainer gestanden, und dort Deutsche. [Wie viele Deutsche?] Drei bis fünf. . . . Hier war das Kommando Rot.

...Die Arbeit des Kommandos Rot war, die Kleider, die abgelegten Kleider der Männer und die abgelegten Kleider der Frauen, sofort nach hier herauszuschaffen.«

Lanzmann: »Wieviel Zeit lag zwischen der Rampe und der Auskleidungsoperation, wie viele Minuten?«

Suchomel: »Also... bei den Frauen, bei den Frauen, sagen wir eine Stunde... im ganzen. Eine bis anderthalb Stunden. Der ganze Zug in zwei Stunden. ...Es war saukalt. Zwischen zehn und zwanzig Grad hat es schon gehabt. Ich weiß, am Anfang, da war uns auch saukalt.«

Der »Schlauch« war ein Durchgang mit Stacheldrahtwänden links und rechts, in die zur Tarnung Föhrenzweige hineingeflochten waren. Jeden Morgen brachten bestimmte Juden aus den Wäldern frische Zweige. Suchomel zufolge nannten die Juden den Schlauch »Himmelsweg«. Ein jüdischer Augenzeuge erklärt, manche Deutsche hätten denselben Ausdruck verwendet. Das führt zu einem kleinen Urheberrechtsstreit.

»Die Männer«, sagt Suchomel, »wenn sie nicht gern gegangen sind, dann sind sie geschlagen worden, gell. ...Die Frauen nicht.«

»Warum?« fragt Lanzmann.

Suchomel schaut ihn voller Unverständnis an.

»Die Frauen wurden nicht geschlagen?«

Erstaunen macht sich auf dem Gesicht des in die Jahre gekommenen Nazis breit. Er ist stumm. Seine Miene zeigt Bestürzung. Wie kann ein zivilisierter Mensch eine derartige Frage stellen? Wie kann jemand so häßliche Gedanken haben? Schließlich bricht er das Schweigen und sagt: »Ich habe es... ich habe es nicht gesehen, gell. ...Hier standen zwei ukrainische Wachmänner. ...Wenn sie da gestanden sind, kam die Todesangst, und in der Todesangst gibt der Mensch her, nicht wahr, da entleert er sich, entweder vorn oder hinten. ...Das ist so. Das ist ärztlich festgestellt, nicht wahr?... Wenn dem Menschen angst ist und er weiß, daß er sterben muß, auch im Bett kann's passieren, nicht wahr. Meine Mutter kniete vorm Bett.« Suchomel gestikuliert mit den Händen und deutet einen kleinen Haufen an. Und dann kommt es einen befremdlichen, erstaunlichen Augenblick lang zu einer menschlichen Verwandtschaft zwischen Lanzmann und Suchomel, einer Verwandtschaft aufgrund der Tatsache, daß beide zivilisierte Menschen sind, die wissen, daß es unschön ist, sich vulgärer Ausdrücke zu bedienen, daß es Grenzen gibt, die der allgemeine gute Geschmack gezogen hat und die man nicht überschreiten darf. Man tut das einfach nicht. Lanzmann bewegt bei der Frage die Hände nach oben und unten (im Sinne von: Haben es die Frauen im Stehen gemacht?). Suchomel antwortet Lanzmann mit einem Kopfnicken und derselben Bewegung der Hände (ja, im Stehen). Im nächsten Augenblick korrigiert er sich: »Na, na, die konnten sich schon bücken auch, gell... oder auch stehend, gell.«

Szenen dieser Art oder ähnliche lassen sich nur mit der Kamera einfangen: diese Verlegenheit, dieses Schweigen, diese Körpersprache. Der Film läßt die verschiedenen Möglichkeiten des Mediums voll zur Geltung kommen. Dutzende von Minuten des Schweigens, der unbeantworteten Fragen, der unerbetenen Fragen, der Verlegenheit, des Sich-Windens, des Ausweichens, des Stammelns und der Schauspielerei, der Hand- und Körpersprache, der Mimikry und des Lachens. Ja, auch Lachen und zitternde Lippen und unverhohlenes Weinen.

Und es gibt natürlich viele Minuten, in denen Güterzüge halten, fahren, anhalten, nachts mit beängstigenden Scheinwerfern, am Tage, in der Dämmerung. Die Kamera ignoriert eine ganze Reihe von allgemein anerkannten Regeln der »filmischen Syntax«, wie etwa ordentliche Tonqualität, Löschen von Hintergrundgeräuschen, Herausschneiden von Gestammel, Kürzung »leerer« Minuten und besondere Beachtung von »Qualität« und »Einheitlichkeit«. Andererseits sind die zehn Stunden zum größten Teil Stunden, in denen sich zwei Personen unterhalten, in denen man schweigt, in denen gequälte Gesichter zu sehen sind. Offensichtlich leiden die Opfer, die Mörder und die Augenzeugen mit dem Interviewer an »verbaler Insuffizienz«. Keine Sprache ist angemessen (obwohl die Personen im Film eine von sechs oder sieben Sprachen sprechen). Aber die Sprache des Films ist die Sprache des fotografierten Schweigens; die Sprache zusammengepreßter Lippen und geöffneter, sprachloser Münder; die Sprache endloser Güterzüge und die Sprache der Schneelandschaft brachliegender Felder. Die dunkelgrüne Sprache polnischer Winter und die klare, blendende, blaue Sommer-Sprache des Strandes von Tel Aviv. Die Sprache der Hochhäuser von New York und der baumbestandenen Wege auf Korfu; und wieder Züge, die durch die Dämmerung fahren und an Bahnhofsschildern vorüber, und polnische Dörfer und der Genfer See, die Fabriken Deutschlands und ein israelischer Frisörsalon in Holon; Züge im Regen und im Sonnenschein, nachts und am Tage. Man kann sich kein anderes Medium als den Film vorstellen, worin man dieses Werk hätte schaffen können.

Und so lautet Franz Suchomels Schlußsequenz: »Frauen, Greise, kranke Kinder, oder wenn die Mutter krank war oder die Großmutter alt, dann wurden die Kinder mit der Oma mitgegeben, weil... die hat ja nicht gewußt, Lazarett. Da ist eine weiße Fahne gewesen mit 'nem roten Kreuz. Da führte ein Gang... Solang sie noch so gingen, haben sie nichts gesehen. Und dann... sahen sie die Toten in der Grube. [Er zeigt auf die Stelle auf der Karte von Treblinka.] Dann mußten sich die Leute ausziehen, mußten sich auf einen Sandwall setzen, dann wurden sie durch Genickschuß getötet und fielen in die Grube. Es gab immer Feuer, in die Grube. Mit Kehricht, also Papier, Benzin, und Menschen brennen sehr gut.«

Mörder und Augenzeugen, Polen und Deutsche gleichermaßen, verwenden fast ausschließlich eine grammatische Form: die dritte Person Plural. Manchmal gebrauchen sie das Passiv: »wurden gebracht«, »wurden geschlagen«, »wurden transportiert«, »wurden entladen«, »wurden behandelt«.

Die meisten Juden benützen in diesem Film ebenfalls dieselben grammatischen Formen. Aber nicht alle Formen und nicht immerzu. Manche sagen »wir« und »ich«. Nicht ein einziger Nazi in diesem Film sagt »wir brachten sie« oder sogar »wir sagten ihnen« oder wenigstens »sie sagten uns, wir sollten sie transportieren«. Die Worte »ich« und »wir« werden von den Deutschen nur in der Verbindung mit »wußte nichts davon« oder »habe nichts gesehen« verwendet.

Rudolf Vrba und Filip Müller, beides Juden, die in Auschwitz »gearbeitet« und überlebt haben, beschreiben die Todesfabrik im Detail und mitunter in einer technischen Sprache. Wenn die Juden aus den Güterwaggons geführt wurden, fand eine »Vorselektion« statt. Die Toten – einschließlich derjenigen, die sich tot stellten – wurden von den jüdischen Sonderkommandos auf Lastwagen geworfen und in den Öfen verbrannt. Die übrigen wurden nach der infamen »Selektion« der Arbeitsfähigen mit Peitschen in die Auskleideräume getrieben. Ihnen sagte man, sie würden geduscht und desinfiziert. Die Auskleideräume befanden sich neben den Gaskammern, wo bis zu 3000 Menschen auf einmal vergast werden konnten. Vier Krematorien wurden beinahe rund um die Uhr betrieben, um die Leichen in Asche zu verwandeln.

In den Worten von Rudolf Vrba hat der Auskleideraum

wie ein »internationales Informationszentrum« ausgesehen. An den Wänden waren Plakate in verschiedenen Sprachen. Es gab Haken, um Kleidungsstücke aufzuhängen. Und unter den Haken waren Holzbänke, damit es die »Klienten« bequemer hatten. Auf den Schildern stand: »Rein ist fein«, »Wasche Dich!«, »Eine Laus – dein Tod«. Der Sinn dieser Schilder war natürlich, die Illusion und Täuschung bis zur letzten Minute aufrechtzuerhalten. Das Gas selbst kam in Tanklastzügen nach Auschwitz, die mit dem Symbol des Internationalen Roten Kreuzes und der Aufschrift »Desinfektionsmittel« versehen waren.

Der Erfinder dieses Täuschungsmanövers, dieses Mordens unter dem Anschein einer hygienischen Maßnahme, war somit kein banaler Mensch. Wir wissen nicht, auf wessen Idee alles zurückzuführen ist. Aber sie zeigt ohne Zweifel einen Funken Originalität. Wie es scheint, hätte man auch andere Formen der Täuschung entwerfen können. Man hätte den Juden zum Beispiel sagen können, sie würden in eine Erfassungsstelle gebracht, in eine Art Arbeitsamt oder in einen Vortragssaal als Teil ihrer »Umschulung«. Von all diesen und anderen Möglichkeiten wählte der unbekannte »Dichter« die Metapher der Hygiene: »Dusche«, »Seife«, »Sauberkeit«, »Entlausung«, »Desinfektion«. Er besaß somit die Weisheit der unendlich scharfsinnigen, außerordentlich psychologischen Feinfühligkeit und ein genau abgestimmtes Sensorium, um die wirksamste Nuance zu wählen. Er entschied sich, die europäischen Werte zu verwenden, die die Mörder wie auch die Täter teilten, um einen universellen Hang zur Sauberkeit auszunützen und um einen Punkt zu berühren, an dem die Juden, wie jede Minderheit, aufgrund einer uralten Anschuldigung, vorgebracht von Rassisten gegen die Opfer des Rassismus, außergewöhnlich sensibel waren: Du wirst gehaßt, weil du schmutzig bist, weil du stinkst, weil du Krankheiten überträgst. Nimm ein Bad, und du bist würdig, unter uns zu leben, von uns, sogar in unserem Wohnzimmer, akzeptiert zu werden. Es lag ein unendlicher Scharfsinn hinter dem verführerischen deutschen Angebot, das man den Juden auf der Schwelle zu den »Duschen« machte: »Tritt als (schmutziger) Jude ein, komm als (sauberes) menschliches Wesen heraus.«

Davon abgesehen sehnte sich jeder nach den Tagen im Güterwaggon nach einem Bad, und brauchte wohl auch wirklich eins. Jeder erkannte daher eine gewisse Logik, eine hygienische Rechtfertigung – zum Wohle aller Beteiligten – in der Idee der Duschen und der Desinfektion. Und die Folge davon war: Sie marschierten beinahe bereitwillig hinein, vielleicht sogar gerne.

Millionen von menschlichen Wesen erreichten in dieser Verfassung die Gaskammern – ruhig, nackt, getäuscht und das Beste erhoffend. »...der Gas«, berichtet Filip Müller, »wenn er eingeworfen hat, da hat er gewirkt doch so, daß er sich.. von unten nach oben stieg der. ... die Lichter waren weg, ausgeschaltet in den Gaskammern... die meisten haben sich gedrängt zu der Tür. Ja, psychologisch also, daß sie gewußt haben, die Tür ist da, vielleicht ausbrechen durch die Tür. Also ein Instinkt in dem... in dem Le... also in dem... in dem Todeskampf, der da durchgeführt war. ...Und die Kräftigsten, die waren oben. Weil in dem Leben... weil in dem Leben... also in dem Todeskampf erkannte schon nicht, meines Achtens, der Vater, daß sein Kind hinter ihm liegt, unter ihm. ...Die Leute also waren... die Leute waren verletzt, weil sie durcheinander in der Dunkelheit aufeinandergeraten sind, der eine auf'n andern angeprallt, verschmutzt, verkotet, Blut von den Ohren, von der Nase.«

Einschüchterung, Zermürbung, Täuschung, das waren keine Nebenerscheinungen des Vernichtungsplans, sondern wesentliche Bestandteile seiner Effektivität. Eine einzige Frau, die ihr Kind auf dem Arm trug und in hysterisches Schreien ausbrach und dadurch die Menschenmenge in Panik versetzte, reichte aus, die gesamte »Prozedur« zu verlangsamen. Man mußte sie vor allen Dingen in einem ruhigen, unterwürfigen Zustand in die Gaskammern schaffen. Verhungert und durstig, erschöpft, halbverrückt durch die Schrecken der furchtbaren Fahrt, der Hunde, der Flutlichter, des Gebrülls, der Schläge und der Gewehrsalven erreichten sie die Rampen und baten um Wasser, waren vielleicht, ihren letzten Rest an Kräften zusammennehmend, dankbar für das »Angebot«, geduscht zu werden. »Es war sinnlos«, sagt Müller, »die Wahrheit überhaupt zu sagen jedem, der die Schwelle des Krematoriums übertrat. . . . daß es zu nichts bringt. Daß es mehr herausbringt, daß es mehr noch den Leben verschwert. . . . da fand ein Häftling vom Sonderkommando in dem Auskleideraum eine Frau, die Frau von seinem Freund war. Da hat er ihr ganz klipp und klar gesagt: ›Ihr werd's vernichtet. In drei Stunden geht's ihr zur Asche.‹ . . . Und sie ist herumgelaufen und hat es erzählt den anderen Frauen. . . . die wollten das nicht hören. Und die haben geglaubt, daß diese Frau verrückt ist. . . . Und wenn sie gesehen hat, daß niemand will ihr glauben, hat sie sich sein ganzes Gesicht zerkratzt, in Unglück, in Schock geraten. . . . Und was war das Ende? Die gingen in der Gaskammer, aber die Frau hat man dagelassen. Und jetzt müßten wir alle antreten, vor den Öfen. Vorher haben sie sie gequält, schrecklich gequält, weil sie wollte nicht verraten. Und dann hat sie auf ihn gezeigt. Man hat ihn herausgenommen und lebendig in's Ofen. Wurde uns gesagt: ›Wer so was sagen würde, endet so.‹«

Auf die Frage »Wußten Sie, daß zum Beispiel Treblinka Vernichtung bedeutete, oder nicht?« antwortet Walter Stier, ehemals Mitglied der NSDAP und Chef des Fahrplanwesens

der Generaldirektion der Ostbahn: »Nein, ach woher!...
ich hab ständig an meinem Schreibtisch gesessen, nicht.
...Ich war ein Schreibtischmann, reiner Schreibtischmann.
[Referat] 33 war also Sonderzugverkehr und Reisezugver-
kehr. ...Umsiedler haben wir... wurden sie genannt, und
diese Züge, die wurden... vom Reichsverkehrsministe-
rium... bekanntgegeben... angeordnet. ...Nicht wahr,
also erst dann wird der Zug zusammengestellt, und die
Leute zahlen dann Gruppenreisen. ...[Haben Sie gewußt,
daß diese Transporte nach Treblinka oder Auschwitz gingen?] Ja, natürlich wußten wir das! Denn ich mußte ja...
ich mußte den Ziel... ich mußte den Zug... Aber was damit nun geschah, das weiß ich, das wußte ich......Ge-
rüchte, ja. Das war's, aber wir......Als wir schon selber
fast auf der Flucht waren von Warschau, da haben wir gehört, daß das Juden gewesen sein sollen, oder Verbrecher
und dergleichen. ...Da durfte ja überhaupt niemand etwas
sagen. Wenn Sie nicht lebensmüde waren, dann war das am
besten, kein Wort zu sagen. ...[Sie haben gar nichts gewußt?] Ach, um Gottes willen, nein!«

Die Moral und das Joch der Schuld

> Und der Mob kam in einer Menge zusammen
> die trug das Joch der Schuld
> es Adligen und Königen aufzuerlegen
> daß es nicht auf ihrem Nacken bleibe.
>
> Natan Alterman,
> »Gedichte der Plagen Ägyptens«

Einer der »unfilmischsten« Teile von *Shoah* hat sich in meinem Gedächtnis eingegraben als eine der eindringlichsten Szenen, die ich überhaupt jemals in einem Film gesehen habe. Eine ganze Viertelstunde lang sitzt der Historiker Raul Hilberg in seinem schönen Arbeitszimmer in seinem Haus in Vermont (Bäume und Schnee vor dem Fenster, Bücher, eine Lampe, ein Schreibtisch) und erklärt Claude Lanzmann den Inhalt eines etwa fünfzehn Seiten umfassenden schreibmaschinengeschriebenen Dokuments, das im wesentlichen aus einem Numerierungssystem besteht. Hilberg ist jener Historiker, der offenbar Hannah Arendt zu ihrer Theorie der »Banalität des Bösen« inspirierte. Viele werfen ihm vor, er beleidige das Angedächtnis der Opfer, indem er ihnen und ihren Anführern perversen Gehorsam und feige Unterwürfigkeit unterstelle, während er die Mörder als »einfache Menschen, die keine besondere Boshaftigkeit besaßen«, darstellt. (Vgl. die wütende Broschüre von K. Shabtai aus dem Jahre 1964 mit dem Titel *Like Sheep to the Slaughter?* Die Historikerin Lucy Davidowicz hat ebenfalls, wenn auch weniger emotional, Hilbergs Standpunkt kategorisch abgelehnt.)

Das Dokument ist die Fahrplanordnung Nr. 587, mit dem Vermerk »Nur für den Dienstgebrauch«. Das ist eine sehr niedrige Geheimhaltungsstufe. Hilberg gibt die Erklärung hierfür: »Aber der Schlüssel des ganzen Verfahrens war ja, psychologisch gesehen, daß das, was gerade geschah, nie ausdrücklich benannt wurde. Nichts sagen, die Dinge tun. Sie nicht beschreiben.« Die niedrige Geheimhaltungsstufe des Dokuments resultiert außerdem aus der Tatsache, daß es nicht mehr als acht Empfänger gab. Jeder Bahnhof auf der Strecke von Radom nach Warschau und Treblinka und von dort nach Czestochowa und zurück nach Treblinka und so weiter benötigte eine Ausfertigung, um informiert zu sein, daß ein Sonderzug passieren würde. Der Zug, über den Hilberg berichtet, ist ein »Güterzug« Richtung Treblinka und ein leerer Zug auf der Rückfahrt von Treblinka. Fünfzig Güterwagen. Abfahrt Sidachow 4.18 Uhr, Ankunft Treblinka 11.24 Uhr am anderen Morgen, dem 30. September 1942. Abfahrt Treblinka, nach dem »Ansturm«, 15.59 Uhr am selben Tag, Ankunft in einer anderen kleinen Stadt, und um drei Uhr morgens fährt er wieder nach Treblinka, und wieder Abfahrt, diesmal Richtung Czestochowa, und weiter so. Die ganze Zeit derselbe Zug, nur die Zugnummer ändert sich mit jeder Fahrt.

Hilberg erklärt ruhig: »Das nennt man ›Fahrplanordnung‹. Und wenn man die vollbeladenen Züge zählt... können wir von etwa zehntausend toten Juden sprechen, die auf eine einzige Fahrplanordnung kommen. ... Wenn ich ein solches Papier in der Hand halte, vor allem, wenn es sich um ein Originaldokument handelt, ist mir gegenwärtig, daß der Beamte damals es auch in der Hand gehalten hat. Das ist ein Artefakt. Das einzige Zeugnis, das bleibt. Die Toten sind nicht mehr.«

Die Reichsbahn beförderte gegen Bezahlung alles, erklärt Hilberg. Die Gestapo erhielt »Gruppenrabatte«, genauso wie zum Beispiel auch Gruppen von Arbeitern für ihre Ferienfahrt in die Alpen Rabatte bekamen. Gruppenfahrten waren für Kinder unter vier Jahren kostenlos, Kinder unter zehn Jahren bezahlten den halben Preis. Die bezahlten

Fahrkarten waren natürlich einfache Fahrkarten, außer im Fall des Wachpersonals, für das die Gestapo Rundfahrkarten kaufte. Wenn die Waggons verschmutzt oder beschädigt waren (etwa zehn Prozent der Fahrgäste starben auf der Fahrt), schickte die Reichsbahn der Gestapo eine besondere Rechnung. Manchmal wurde Kredit gewährt. Die buchhalterische Vorgehensweise entsprach dabei den über Generationen erprobten Usancen. Hin und wieder führte das komplizierte System zu Währungstauschgeschäften. Die Gestapo in Saloniki erhielt zum Beispiel im Frühjahr 1943 eine Rechnung der Reichsbahn über zwei Millionen Mark für den Transport von 46 000 griechischen Juden nach Polen. Das Gestapobüro in Griechenland konnte jedoch nicht in Reichsmark oder jugoslawischer oder polnischer Währung bezahlen, je nach dem, durch welche Länder die Züge fuhren, da das Athener Gestapobüro nur über griechische Drachmen verfügte, die aus dem Vermögen der Deportierten stammten. (Hilberg betont gegenüber Lanzmann ein grundlegendes Prinzip: Es gab keinen Etat für die Ausrottung.) Wie ließ sich ein derartiges Problem lösen? Es war ja verboten, während des Krieges Devisen zu besitzen. Und nun zeigt sich, daß das allgemeine Vorurteil vom »pedantischen« deutschen Bürokraten nicht immer zutrifft. In diesem besonderen Fall war die deutsche Bürokratie keineswegs starr und uneinsichtig: Die Reichsbahn verzichtete einfach auf die Bezahlung. Im Gegensatz zur vorherrschenden Legende war selbst die deutsche Bürokratie in außergewöhnlichen Fällen in der Lage, flexibel, wenn nicht sogar großzügig zu sein. Oder vielleicht beides zugleich.

Worin unterscheidet sich all dies von einem »herkömmlichen« Pogrom? Es gibt keine ungehobelten Kosaken, die sich sinnlos betrinken und dann umherziehen, um nach Herzenslust zu plündern, zu vergewaltigen und zu morden.

Diesmal findet sich keine Spur von Lust, keine Äxte, keine mordlüsternen Augen. Es gibt einzig und allein Ordnung.

Filip Müller, der zum Sonderkommando gehörte und Auschwitz überlebte, sagte: »Und wenn die Transporte nicht gekommen sind eine längere Zeit, wir haben es genannt ›tote Saison‹. Für Sonderkommando hat es bedeutet eine unmittelbare Vernichtung. Wenn die gewußt haben in Sonderkommando, daß, wenn die Transporte nicht kommen würden, daß das praktisch ihre Liquidierung sein wird.«

Das letzte Viertel des Films führt indirekt, aber unbeirrt zum Aufstand im Warschauer Getto. Es gibt einen Augenzeugenbericht über die Vorbereitungen für eine Rebellion in Treblinka (wo ein mutiger, waghalsiger Aufstand schließlich stattfand) und einen Bericht über einen Plan, gegen den »Fabrikationsprozeß« in Auschwitz zu rebellieren und ihn zu sabotieren. Zu diesem Zweck mußte man auf einen neuen Transport von Juden warten, die noch nicht halbtot waren. »Die Transporte aus den Balkanländern«, sagt Richard Glazar, der zum Sonderkommando in Treblinka gehörte, »brachten uns eine fürchterliche Erkenntnis... Vierundzwanzigtausend Menschen, unter denen war kein Kranker, kein Gebrechlicher, es waren gesunde, sehr gutgebaute Menschen... David Bratt hat gesagt: ›Makkabäer! Jetzt sind nach Treblinka Makkabäer gekommen!‹... Ja, das hätten Kämpfer sein können. Das war erschütternd für uns, weil... die Leute waren prächtige Leute, und völlig ahnungslos. Völlig ahnungslos. Noch nie vorher ist alles so glatt und so rasch gegangen. Nie vorher. ... Es gab einen Plan, zum Beispiel noch im Januar 43... Man sollte zur bestimmten Stunde überall, wo sich SS befanden, sie überfallen, ihnen die Waffen nehmen und dann die Kommandantur stürmen. Dazu ist es nicht gekommen eben, weil... das ganze Lager stand später still... leer, und es brach auch schon Flecktyphus aus. ...Trotz allem hat es einen Aufstand in Treblinka gegeben, und einige Nazi haben mit ihrem Leben bezahlt.«

Filip Müller: »Vor unseren Augen sahen wir täglich, wie Tausende und Abertausende... daß die Menschen da gekommen sind, ... daß die plötzlich verschwunden sind, und die Welt war stumm. Wir fühlten uns verlassen von der Welt, von der Menschheit.«

Dann folgt die Geschichte des Aufstands im Warschauer Getto. Kajik, heute Mitglied des Kibbuz Lohame Hagetta'ot (dieser Kibbuz wurde von Gettokämpfern gegründet und hat ein Holocaust-Museum), wurde beauftragt, einen Durchbruch zum »arischen Teil« zu versuchen und die polnische Untergrundbewegung um Waffen zu bitten. Man wies ihn ab. Er kehrte mit seinem Kameraden durch das Kanalisationssystem zurück. Aber es war nichts mehr übriggeblieben. Alles war vorüber. Bis auf eine fremde, unwirkliche Frauenstimme, die Kajik lange Zeit zu lokalisieren versuchte, ohne Erfolg. Er sagt: »Ich hatte das Gefühl, daß ich das letzte menschliche Wesen war, daß es auf der ganzen Welt keine Menschen mehr gab.«

Es gibt keine Lektion, keine Moral, kein Joch der Schuld. Der Film endet mit einer sehr langen Einstellung eines sehr langen Güterzugs, der durch die Dämmerung fährt.

In seinem 1979 erschienenen Buch *Jew-Hatred: From Religious Hatred to Racial Rejection* [dt. 1989: *Vom Vorurteil bis zur Vernichtung*] sagt der Historiker Jacob Katz: »Diese Konstellation war einmalig – wie im übrigen jede Konstellation, die von vielen Faktoren bestimmt ist –, sie sollte sich so kein zweites Mal ergeben. Und selbst wenn alle Faktoren, die jene Konstellation herbeiführten, wieder auftauchen sollten, wäre die Situation eine andere, denn sie würde die Reaktion auf die Folgen der früheren unvermeidlich mit einschließen. Der Versuch, die Zukunft aufgrund von Analogien der Vergangenheit vorherzusagen, ist ein nutzloses Unternehmen.«

Stimmt. Aber was hat man unter der »unvermeidlichen Reaktion auf die frühere Konstellation« zu verstehen?

»Wir müssen ein starkes Militär haben.« »Wir dürfen uns nicht auf Macht stützen.« »Wir müssen uns unsere Menschlichkeit bewahren.« »Wir dürfen in dieser brutalen Welt nicht zu human sein.« »Wir müssen den Rassismus bekämpfen.« »Wir müssen das neue Amalek zerstören, ehe es uns zerstört.« »Auschwitz hat bewiesen, daß es keinen Gott gibt.« »Auschwitz hat bewiesen, daß wir gegen Gott gesündigt haben und Buße tun müssen.« »Die Lektion von Auschwitz ist, daß sich die Juden nie mehr an einem Ort konzentrieren dürfen.« »Die Lektion von Auschwitz ist, daß die Juden nicht unter Nichtjuden versprengt sein dürfen.« »Auschwitz war die faule Frucht des deutschen Geistes/ der christlichen Tradition/ der westlichen Zivilisation.« »Auschwitz war das definitive Ende jüdischen Lebens in der Diaspora und der Existenz ohne einen unabhängigen eigenen Staat.« »Auschwitz könnte sich überall ereignen; kein Volk ist immun gegen den Nazi-Virus, nicht einmal wir selbst.«

Und so weiter, ad infinitum.

Claude Lanzmanns Film *Shoah* sagt sehr viel weniger: »Es hat Auschwitz gegeben.« Und weiter: »Auschwitz war nicht unbegreiflich. Die Kamera und die Worte und das Schweigen sind in der Lage zu begreifen.«

Und auch: »Die Vergangenheit ist immer noch gegenwärtig. Nichts ist beendet. Hier ist der Mörder und hier ist das

Opfer, das diesen Mörder überlebt hat. Hier sind die Augenzeugen, hier war die Stelle, und hier, wo man es gemacht hat, und genauso wurde es gemacht.«

INTERVIEWER: »Sprechen Sie weiter, Abe, Sie müssen. Es ist notwendig.«

INTERVIEWTER: »Zu furchtbar...«

INTERVIEWER: »Ich bitte Sie. Wir müssen das machen. Sie wissen das.«

INTERVIEWTER: »Ich kann nicht.«

INTERVIEWER: »Es muß sein. Ich weiß, daß es hart ist, ich weiß, verzeihen Sie mir.«

INTERVIEWTER: »Lassen Sie uns aufhören...«

INTERVIEWER: »Ich bitte Sie, fahren Sie fort.«

Artikelserie in *Davar*,
27. Juni bis 6. Juli 1986.

Ein neues Herz

Nahezu während ihrer gesamten Geschichte haben die Juden meist zwei geistige Bezugspunkte gehabt: die weit zurückliegende glorreiche Vergangenheit und eine Art weit vorausliegende messianische Zukunft. Die Gegenwart und die unmittelbare Zukunft betrachtete man beinahe immer als »Tal der Tränen«, dessen Nöte man beklagen, aber nicht beeinflussen konnte; man hielt es dementsprechend für sinnlos, darauf zuviel emotionale Energie zu verschwenden. Man ging davon aus, daß der Messias, wenn er käme, eine erhabene Zukunft anbrechen ließe und somit die wunderbare Vergangenheit erneuern und zugleich die Nöte der Gegenwart vertreiben werde.

Das hebräische Wort *lefanim* birgt zwei entgegengesetzte Bedeutungen: »vor« (im räumlichen Sinne), aber »zurück« (im zeitlichen Sinne). In letzterer Bedeutung wird es im allgemeinen beispielsweise mit »in der Vergangenheit« oder »vorzeiten« übersetzt. »Du hast vorzeiten die Erde gegründet« (Psalm 102, 26). Im Gegensatz hierzu ist das hebräische Wort *aharey*, das eine nach vorn schauende, zeitliche Bedeutung hat (»nach«), eng mit dem Wort *ahor* verwandt, dessen räumliche Bedeutung rückwärts gerichtet ist (»zurück«, »nach hinten«).

Allem Anschein nach sind somit die zeitlichen und räumlichen Bezüge der hebräischen Sprache widersprüchlich, und die Juden haben den größten Teil ihrer Geschichte »den Blick nach hinten gerichtet«. Doch während meiner Kindheit und Jugend – Jahre glühender zionistischer Aktivität – konzentrierte sich beinahe jeder auf die Gegenwart und die nächste Zukunft. Die zionistische Gesellschaft war eine zukunftsgerichtete Gesellschaft, wie es in einer ihrer Hymnen heißt: »Gestern ist vergangen und weit hinter uns / Aber morgen liegt immer noch in weiter Zukunft.«

Morgen ist vergangen und weit hinter uns

Inzwischen sind wir zu unserem früheren Status einer vergangenheitsorientierten Gesellschaft zurückgekehrt. Morgen »ist vergangen und weit hinter uns« – und das Gestern beherrscht alle Aspekte unseres Lebens. Um uns herum sind die Menschen beinahe zwanghaft mit der Vergangenheit – ob nun die weit zurückliegende oder die unmittelbar vergangene – und mit solchen Fragen beschäftigt wie: Wer hat was gesagt, in welchem Zusammenhang, und wer hatte recht? Die Bibel, eine Quelle der Inspiration für Erneuerer und Reformer während der guten Jahre der zionistischen Revolution, wird nun eine Blankovollmacht zur Stagnation, zur Ablehnung jeglichen Wandels, zur Abstinenz gegenüber der Gegenwart und zur Akzeptanz einer rückwärtsgerichteten geistigen Haltung.

So gesehen liegt allein schon im Titel, den Lova Eliav seinem neuesten Buch gegeben hat, etwas erfrischendes: *New Heart, New Spirit* [Neues Herz, neuer Geist]. Er ist ein Mensch, der sich entschließt, sich mit der Zukunft auseinanderzusetzen. Selbst wenn Menschen wie er in die Vergangenheit hinabsteigen – um ihre Memoiren zu schreiben oder, wie in diesem Fall, die Bibel zu studieren und genauestens zu lesen –, liegt es nicht in ihrer Absicht, die Vergangenheit wiederzuerschaffen oder Geister heraufzubeschwören, sondern in ihrer eigenen oder nationalen Vergangenheit Werkzeuge zu suchen, die der Gegenwart und Zukunft dienlich sein können.

In Wahrheit eignete dem Zionismus immer eine Art dialektische Spannung zwischen einer tiefen Sehnsucht nach der ehedem verlorenen Schönheit des Gestern und einem brennenden Verlangen, in Israel eine völlig neue Seite der Geschichte aufzuschlagen. Im kleinen wie im großen herrschte diese Spannung vor zwischen dem Drang zur Wiederherstellung und demjenigen zum Neuanfang; die Namen, die die frühen Zionisten ihren Kindern, ihren Siedlungen und ihren Büchern gaben, zeugen von diesem heimlichen Kampf. In den biblischen Worten: »erneure unsre Tage wie vor alters!« (Klagelieder Jeremias 5,21), die zu einem verbreiteten zionistischen Schlagwort wurden, läßt sich diese Dialektik klar erkennen. Ohne unsre Tage wie vor alters kann es keine Erneuerung geben und umgekehrt. Dies ist beinahe die gesamte zionistische Haltung in Kurzfassung.

Gleichwohl war der Zionismus im Kern eine revolutionäre Bewegung, die überkommene Konventionen zerschlagen wollte. Dies trifft auch weiterhin zu, selbst wenn heutzutage die Tendenz besteht, dies zu verheimlichen, abzuschwächen, die zionistische Revolution zu »judaisieren« und den scharfen Gegensatz zwischen dem modernen, säkularen Zionismus und dem orthodoxen Judaismus alter Prägung zu verwässern. Der Zionismus war eine Revolte gegen die sich abzeichnende Stagnation im Judaismus, gegen die rabbinische Ablehnung jeglicher Erneuerung und jeglichen Wandels.

Jahrtausende haben die Juden außerhalb der Geschichte, sogar in Opposition zur Geschichte gelebt. Die Geschichte war ein »Spiel«, das zu spielen man den Nichtjuden überließ, und kein wahrer Jude hätte auch nur daran gedacht, sich damit die Hände schmutzig zu machen. Von uns Juden erwartete man, in Demut zu leben und bereitwillig unser Leiden auf uns zu nehmen, bis zur Ankunft des Messias – wie eine Anzahl von Unglücksopfern, die am Fuße eines Berges kauern und warten, daß der Wirbelsturm vorüberzieht. Die Geschichte, so dachte man, würde vorüberziehen; letztendlich würde sie zu einem Ende kommen. Danach werde der Messias kommen und uns in seinem wunderbaren Triumphwagen in die glorreiche Vergangenheit zurückversetzen, in die Tage des Tempels und des Königreichs Israel und noch weiter zurück, in den Garten Eden. Wir mußten uns einzig und allein unbefleckt halten, Sünden vermeiden, den Kopf beugen und warten. Solange wir, weh und ach, noch von der Geschichte umgeben waren, konnte es für uns nur ein zeitliches Ziel geben: überleben. Die Geschichte unbeschadet überstehen. Nicht etwa, sie zu verändern; nicht etwa, ihren Verlauf zu beeinflussen; und um Himmels willen nicht so unverschämt vor dem Schöpfer sein und versuchen, die Geschichte in unsere eigenen Hände zu nehmen. Die Geschichte, so haben die Juden jahrtausendelang gesagt, ist etwas, das wir leidend durchleben müssen, wie eine verschleppte Krankheit, und aus der wir auf der anderen Seite hervortreten – direkt in die Zeiten des Messias, dessen Ankunft die gesamte Geschichte beenden, uns unsere Heimat wiedergeben und uns völlige Erlösung bringen wird.

Eine klassische zionistische Handlung

Der Zionismus hatte die Absicht, diese passive Grundhaltung zu zerstören. Die damit verbundene Revolte war keineswegs leicht. Eine vergleichsweise kleine Gruppe von »sittenlosen, unverschämten Verächtern der Tora« faßte den Entschluß, die Geschichte und das Schicksal des jüdischen Volkes in die eigenen Hände zu nehmen, das lange Warten auf den Messias aufzugeben und eine aktive Rolle bei der Gestaltung der historischen und politischen Zukunft zu übernehmen.

Die flügge gewordene Bewegung sah sich zahlreichen und unterschiedlichen Gegnern ausgesetzt. Dazu gehörten jene, die die Bibel und andere heilige Schriften schwangen und schrien: »Die Tora verbietet Neuerungen!« und darauf bestanden, daß der in Frage stehenden Generation von Juden nicht erlaubt sei, irgend etwas zu tun, was ihre Vorfahren vor ihnen nicht getan hatten. Mit anderen Worten, man erwartete auch von ihnen, dazusitzen und unterwürfig, sanftmütig und ruhig die Ankunft des Messias zu erwarten; bis dahin durften sie sich einzig und allein reinigen, leiden und beten. Keine Sitte ihrer lange verstorbenen Vorväter konnte verändert werden. Nur gegenüber jenen Vorfahren, nicht gegenüber kommenden Generationen sollten wir verantwortlich sein. Unsere Gedanken, Worte und Taten müssen mit jenen unserer verstorbenen Vorfahren identisch sein. Selbst unsere Kleidung mußte nach der ihren geschnitten sein, unabhängig von den Zeiten, der Umgebung oder vom Klima. Auch nur einen Schritt hiervon abzuweichen oder sich zu entfernen war verboten.

Der Kampf zwischen den zionistischen Revolutionären und den orthodoxen Hütern der Gebote war insofern einzigartig, als beide Seiten ihre Argumente und Belege der Bibel und den heiligen Schriften entnahmen. Der Zionismus behandelte seine orthodoxen Gegner nicht so, wie die meisten Revolutionen mit ihren Feinden umgehen. Man sagte ihnen nicht: »Nehmt doch eure heiligen Schriften und zum Teufel mit euch!« Der Zionismus verkündete nicht, seine Maximen würden die alte Welt bis auf ihre Grundfesten erschüttern. Man versuchte vielmehr, und zwar mit Erfolg, für sich ein Maß an Legitimität vom Standpunkt seiner Gegner zu gewinnen. Der Zionismus leitete mit anderen Worten seine Maximen von »ihren« Texten, »ihren« Quellen und »ihren« Weisen ab. Man argumentierte, die Absicht sei nicht, das jüdische Erbe zu zerstören, sondern es neu zu interpretieren innerhalb jener Grenzen der bekannten, vertrauten und legitimen Auslegungen, die im Laufe der Zeiten von Juden immer wieder und aufs neue gegeben worden seien. Der Zionismus behauptete im allgemeinen nicht, das jüdische Erbe sei nicht unsere Sache. Seine Grundhaltung ließe sich vielmehr folgendermaßen umschreiben: »Wir sind die Erben, und es ist unser Recht, auszulegen, neue Schwerpunkte herauszustellen und die Wichtigkeit früherer Schwerpunkte in Frage zu stellen – wie es die Weisen in jeder Generation getan haben.«

Man kann insofern sagen, daß Lova Eliav in seiner Haltung zur Bibel, wie er sie in seinem Buch *New Heart, New Spirit* darlegt, eine klassische zionistische Handlung vollbracht hat. Er interpretiert und setzt Akzente, wie es ihm beliebt, allerdings ohne jeden Anspruch auf Exklusivität, ohne Ablehnung anderer Interpretationen und ohne Verhöhnung anderer Meinungen und der entsprechenden Personen. Die Auseinandersetzung zwischen dem Zionismus und dem orthodoxen Judaismus alter Prägung geht nicht von den »Rebellen« aus, die die Bibel aus dem Fenster werfen, die Spuren des jüdischen Erbes mit Füßen treten und eine neue Nation errichten wollen. Sie gründet sich im Gegenteil auf die Tatsache, daß die zionistischen »Rebellen« sich als Erben einer großen Bibliothek betrachten, die ihren Vätern und Großvätern über Hunderte von Generationen gehört hatte. Zur Zeit ihrer Väter, so sagen sie, befanden sich einige Bücher dieser Bibliothek auf dem Nachttisch, andere auf einem der obersten Borde, das man nur mit einer Leiter erreichen konnte. Ihre Großväter steckten einige Bücher in den Keller, andere wiederum wollten sie in naher Reichweite haben. Und auch ihre Ururgroßväter hatten ihre eigenen Prioritäten. So hat jede Generation, wie man sieht, das Recht, die Bibliothek neu zu ordnen, gewisse Bücher auf die obersten Borde zu stellen und andere in handliche

Nähe. Dies ist Eliavs grundlegende Haltung; sie ähnelt derjenigen eines Menschen, der über eine Wiese wandert und einige Pflanzen als eßbar und Heilpflanzen, andere als giftig ausweist. Er will die giftigen Pflanzen nicht ausreißen oder ignorieren, sondern sie erkennen, bestimmen und analysieren, ohne durch sie Schaden zu nehmen.

Nehmt es und werdet glücklich damit

Leider ist solch eine Haltung heutzutage nicht gerade populär unter säkularen Juden in Israel. Infolge allgemeiner Ermattung, schändlicher Auseinandersetzungen, religiösen Zwangs und religiöser Politisiererei neigen jetzt viele säkulare jüdische Israelis zu der ungeduldigen Ansicht: »Also gut, es reicht! Zum Teufel damit – mit der Bibel, dem Talmud, den Schriften, den Legenden, den Traditionen, den Gebeten. Sollen die orthodoxen Fanatiker es haben und uns damit in Ruhe lassen.« In den Augen dieser säkularer Juden hat die Bibel, so könnte man sagen, den Beigeschmack von schwarzer Kleidung, langen Bärten, Jiddisch, von »Siedlungen« auf der West-Bank, von Gewehrfeuer und Unterdrückung angenommen. Dieser Beigeschmack hat zu der Haltung geführt, das gesamte Erbe in die Hände der Fanatiker zu schleudern, zu murmeln: »Nehmt es und werdet glücklich damit!« und sich mit seichten Komödien, Rockmusik und importierter Kulturware (wovon manches, zugegeben, ausgezeichnet ist) zufrieden zu geben.

Neben dieser extremen Absage an das jüdische Erbe finden wir das genaue Gegenteil: das Sich-klein-Machen im Vergleich zu den Orthodoxen. Viele säkulare jüdische Israelis betrachten etwa religiöse Führer wie den Rebbe von Satmar, den Lubavitcher Rebbe und den Baba Baruch als *wahre* Juden, sozusagen als die »Erste Liga« der Juden.

Dann folgt die »zweite Liga«: die Bewohner der orthodoxen West-Bank-Siedlungen und ihre Fangemeinde. In der Liga darunter befinden sich die »traditionellen« Juden: das sind die, die zu Hause koscher leben, wenigstens an Jom Kippur fasten und am Sabbath das Auto benützen, allerdings nicht, um nichtkoschere Restaurants aufzusuchen. Fast ganz unten sind die »normalen« Juden; und am alleruntersten Ende sind die Linken, die araberfreundlichen Peaceniks, die wie die Heulweiber aufschreien, wenn ihrer Meinung nach irgendwo ein Unrecht begangen worden ist.

Diese Haltung stellt Lova Eliav in Frage: Die Bibel ist nicht der Rebbe von Satmar, und das Erbe Israels ist nicht der alleinige Besitz der West-Bank-Siedler. Die Friedensfreunde und diejenigen, die über Unrechtstaten empört sind, sind zumindest ihrer eigenen Meinung nach nicht in geringerem, sondern in stärkerem Maße »jüdisch« als die Zensoren »aufreizender« Straßenreklame, als die Mörder arabischer Jugendlicher und diejenigen, die tote Konvertiten zum Judentum exhumieren. Eliavs Idee des Judaismus will weder einen Minderwertigkeitskomplex noch eine apologetische Haltung, niedergeschlagene Augen propagieren, vielleicht genau das Gegenteil. Sein Judaismus hat keinen Grund, sich im Vergleich mit den Orthodoxen verlegen oder unwürdig zu fühlen.

Das heißt nun aber auch nicht, daß der Judaismus der Zionisten, die progressive gesellschaftliche Vorstellungen haben, ohne Einwand und Tadel wäre. Die Orthodoxen haben durchaus das Recht, auf Anzeichen geistigen Verfalls und moralischer Verdorbenheit unter säkularen Juden hinzuweisen und zu behaupten: »Schaut euch doch an, wohin *euere* Idee des Judaismus geführt hat.« Sicherlich muß ein Judaismus wie derjenige von Eliav darauf vorbereitet sein, sich zu verteidigen und, was noch wichtiger ist, Selbstkritik zu üben. Dazu ist er jedenfalls eher in der Lage als der Judaismus der Orthodoxen, der niemals selbstkritisch ist, außer um sicherzugehen, daß er eine Kopie jenes Judaismus ist, der von ihren Vätern und Vorvätern praktiziert worden ist.

Es stimmt natürlich, daß der zionistische Judaismus eine Reihe von äußerst hochtrabenden Erwartungen hegte, die nicht verwirklicht wurden. Ganz und gar nicht. Aber wer kann behaupten, daß die Absicht, eine schöpferische, gerechte, autarke Gesellschaft zu schaffen – selbst wenn all die Anstrengungen nur zehn oder fünf Prozent dieses Traums haben verwirklichen können –, weniger jüdisch ist als die strikte Trennung von Milch- und Fleischspeisen? Wer kann behaupten, daß der Kampf um den Frieden weniger heilig oder weniger jüdisch ist als die geschorenen oder umhüllten Häupter verheirateter orthodoxer Frauen? Und wer kann behaupten, daß der Versuch, ein Modell gesellschaftlicher Gerechtigkeit ohne Ausbeutung oder Unterdrückung zu errichten, weniger jüdisch ist, als eine Mesusa an jedem Türpfosten zu befestigen?

Lova Eliav liest und studiert die Bibel vom Standpunkt eines legitimen Erben aus. Er tut dies in der Art der Lehrer und Interpreten des Judaismus früherer Generationen. Er hebt einige Stellen hervor und läßt einige in den Hintergrund treten; er unterstreicht einige Verse mit einem dicken blauen Strich der Bewunderung und kreist andere mit einem starken Rot der Warnung ein. Die Bibel, sagt er, enthält nicht nur die Worte »Da werden die Wölfe bei den Lämmern wohnen« und »Denn es wird kein Volk wider das andere das Schwert erheben«, sondern auch Aussagen wie diese: »sollst du nichts leben lassen, was Odem hat«. In der Bibel finden sich allgemeine Verse wie »Seid ihr Kinder Israel mir nicht gleichwie die Mohren?«, aber auch boshafte Zeilen wie »Tochter Babel, du Verwüsterin, wohl dem, der dir vergilt, was du uns angetan hast! Wohl dem, der deine jungen Kinder nimmt und sie am Felsen zerschmettert!« Einerseits heißt es »Denn ich, der HERR, dein Gott, bin ein eifernder Gott, der die Missetat der Väter heimsucht bis ins dritte und vierte Glied an den Kindern derer, die mich hassen«, andererseits »ein jeder soll für seine Sünde sterben«. Diese Widersprüche haben frühere Generationen von Weisen und Kommentatoren erklärt, geglättet und aufgelöst, aber die Juden der heutigen Generation sind nicht weniger berechtigt, die Widersprüche auszulegen oder sich für eine Lösung zu entscheiden.

Man nehme zum Beispiel die Idee des auserwählten Volkes. Es gibt einige wirklich monströse Auslegungen, die sich aus der Bibel ableiten lassen (»Moab ist mein Waschbecken, meinen Schuh werfe ich auf Edom« und »Sie werden sich stürzen auf das Land der Philister im Westen«). Man kann und sollte allerdings die Idee des auserwählten Volkes als eine Verpflichtung interpretieren, die davon ausgeht, daß das Volk »auserwählt« ist, um Gebote zu erfüllen, ohne irgendwelche Vorrechte zu genießen. Man kann und sollte die heute modische Verbindung zwischen der Idee des auserwählten Volkes und der abscheulichen Idee der Herrenrasse aufgeben. Hier geht es um Interpretation, und wer das Feld der Interpretation primitiven Menschen überläßt, sollte sich nicht wundern, wenn sich primitive Interpretationen breitmachen.

Als wesentlich betrachtet

Im Vorwort zu seinem Buch sagt Lova Eliav: »Dieses Buch beschäftigt sich hauptsächlich mit sieben ethischen Werten, die sich in der Bibel finden und die der Autor als wesentlich betrachtet: die Unantastbarkeit von Leben, Gerechtigkeit, Freiheit, Gleichheit, Brüderlichkeit, Barmherzigkeit und

Frieden.« Meiner Meinung nach ist dies ein bedeutender Satz, nicht wegen der mystischen Zahl sieben, nicht wegen der gut gewählten Aufzählung der Werte und auch nicht wegen der, leider, etwas abgegriffenen Formulierung »ethische Werte«. Für mich liegt die Bedeutung dieses Satzes in den sechs Worten, »die der Autor als wesentlich erachtet«.

Eliav behauptet nicht, daß dies tatsächlich *die* wesentlichen Werte der Bibel sind. Und auch nicht, daß diese Werte von unseren Vorvätern als wesentlich betrachtet wurden oder daß sie überhaupt wesentlich sind. Er sagt ganz einfach: »die der Autor als wesentlich betrachtet«. Dies ist eine Haltung voller Bescheidenheit – jeder hat das Recht, andere Werte herauszustellen – und geistiger Unabhängigkeit – Eliav fragt niemanden um Erlaubnis, ehe er die Entscheidung fällt, was er für wesentlich halten will. In dieser Hinsicht anerkennt er weder die Autorität früherer Generationen noch die Konventionen der religiös Orthodoxen.

Natürlich lassen sich in der Bibel allerhand Belege für das Gegenteil dieser Werte finden: für die Verachtung des Lebens, Intoleranz, Unterdrückung anderer Menschen, Diskriminierung, Haß, Grausamkeit und Aggressivität. Eliav schaut nicht darüber hinweg. Er zitiert bekannte Beispiele für solche biblische Rechtfertigungen von Ungerechtigkeit und Stammesdenken und er erklärt ihre furchtbare Bedeutung. Aber er geht ganz wesentlich davon aus, daß jede Generation und jeder Leser das Recht hat zu entscheiden, was mit einem zustimmenden Blau, was mit einem warnenden Rot und was jeweilig überhaupt nicht unterstrichen werden sollte. Um nur ein Beispiel anzuführen: in der Bibel findet sich ohne Zweifel die Geschichte von den gnadenlosen Kriegen Josuas, Sohn des Nun, die heutzutage gern herangezogen werden, um eine Politik der Grausamkeit und Barbarei gegen die Araber zu rechtfertigen; aber in der Bibel steht auch, wie König Salomo König Hiram von Tyrus zwanzig

Städte des Landes Israel gab. Und Salomo wurde nicht von Feuer und Schwefel des Herrn geschlagen, und keiner der Propheten hat ihn für die Schenkung eines Teils seines Reiches verdammt. Unsere heutigen rechten Parteigänger in Israel hätten den frommen König Salomo als Verräter und Zerstörer Israels behandelt, weil er »territoriale Zugeständnisse« gemacht hat. Man stelle sich nur vor, was passieren würde, wenn ein heutiger »König« Israels plötzlich entscheiden würde, zwanzig Städte einem benachbarten Land zu übergeben; man stelle sich vor, welche Wörter man ihm entgegenschleudern würde, ganz zu schweigen von Knüppeln, Steinen und, durchaus vorstellbar, Geschossen.

Eliavs Beharren auf dem Recht, Werte zu wählen, »die der Autor als wesentlich betrachtet«, ist meiner Meinung nach eine klassische zionistische Handlung, und überdies die Handlung eines freien Juden. Denn schließlich werden die Kämpfe in Israel nicht zwischen den »Wahrern der Bibel« und den Leugnern der Bibel geführt bzw. zwischen den »guten« Juden und den »verdorbenen, europäisierten« Juden. Der Kampf wird zwischen den unterschiedlichen Ideen des Judaismus geführt, und das sind zum Teil humanitäre, zum Teil stammesmäßige und primitive und zum Teil dazwischenliegende Ideen. Leider sind sie allesamt tief in der Bibel und in anderen jüdischen religiösen Texten verwurzelt.

Lova Eliav hat mit *New Heart, New Spirit* den Versuch gemacht, die Bibel denjenigen aus den Händen zu winden, die sie wie eine Keule schwingen; er hat versucht, das humanitäre Licht zum Leuchten zu bringen, das in einigen Teilen der Bibel vorherrscht. Er schreibt: »*New Heart, New Spirit* stellt somit den Versuch dar, die Flagge menschlicher Werte erneut hochzuhalten, jüdischer und allgemeiner Werte, die im Großen Buch geheiligt werden, und es ist ein Appell, sich um diese Flagge zu scharen.«

Indem Lova Eliav sich entschlossen hat, sich der Zukunft zu stellen, schaut er auf die Bibel in der Hoffnung zurück, Einfluß zu nehmen auf die Zeit nach den bösen gegenwärtigen Zeiten.

Davar, 17. Oktober 1986

Von Visionen und Visionären*

An diesem Wochenende jährt sich zum zehnten Mal der Jom Kippur-Krieg, nach dem es etwas schwieriger wurde zu sagen: »Die Araber stellen kein Problem dar« bzw. »Die Zeit arbeitet für uns«. Sechzehn Jahre sind seit dem Sieg des Sechstagekriegs vergangen, jenem gerechten und tragischen Sieg, mit dem eine neue Ära begann; auf den Sieg folgte das Ende des Staates Israel und, als sein Ersatz, »Das Land Israel«. Vor anderthalb Jahren begann der »Blitzschlag« im Libanon, der eine Sache von wenigen Tagen sein sollte und zu einem schmutzigen Krieg wurde, der für uns und andere verheerende Folgen hatte. Niemand von uns wird je wieder derselbe sein wie vor diesen Kriegen.

Sehen Sie es mir nach, daß ich bei diesem Anlaß Kriege aufzähle. Dies soll ja ein literarisches Ereignis sein. Und manch einer unter uns erwartet von der Literatur Hilfe und Trost, zumindest ein paar Augenblicke der Barmherzigkeit und Gnade oder wenigstens etwas Distanz und Perspektive. Aber ich habe weder Hilfe noch Trost, noch Distanz anzubieten. Ich sage Ihnen, daß es das, was einmal war, nicht mehr gibt. Um die Wahrheit zu sagen, ich fühle mich seit mehreren Jahren wie ein Exilant in meinem eigenen Land. (Und nicht aus meinem Land vertrieben – das ist ein anderer Zustand, in dem, wie der mittelalterliche Dichter Juda Halevi gesagt hat, »Mein Herz im Osten, und ich / selber am westlichsten Rand« bin. Nein, ich meine exiliert innerhalb meines eigenen Landes. Du bist hier und dein Herz ist hier, und doch befindest du dich im Exil. Es ist, als ob man eines Morgens aufwachte und jemand hätte die Stadt um einen

---

* Bemerkungen anläßlich der Verleihung des Bernstein-Literaturpreises im September 1983

herum vertauscht, hätte die Boulevards verändert, die Straßen verkleinert oder vergrößert, die Plätze von hier nach dort verlegt, hätte nicht nur die Namen verändert, sondern die Straßen und die Plätze selbst. Alles ist äußerst vertraut und doch zugleich zutiefst anders, befremdlich und beängstigend, wie in einem Alptraum.)

Nun gut. Ich weiß, es ist unhöflich, über Politik zu reden während der Verleihung eines Literaturpreises. Reden wir also von der Literatur. Bis der Zionismus konkret wurde in Form von Gebäuden und Feldern, Fabriken und Panzern konnte man ihn nur in Büchern antreffen. Der Zionismus ist ein Unternehmen, das fast gänzlich von Büchern seinen Ausgang nahm. Menschen setzten sich in ihrer Qual, mit Träumen und Alpträumen, hin und malten mit Worten eine bestimmte Vision aus, in allen möglichen Varianten, eine bestimmte Idee, um sich von ihren jüdischen Drangsalen zu befreien. Oder von den Drangsalen mit den Juden. Oder von beidem. Nach der Lektüre dieser Bücher haben gewisse Menschen, darunter offenbar einige sehr starke Menschen, den Versuch gemacht, das, wovon sie gelesen hatten, in die Wirklichkeit umzusetzen. All diese Träume. Nicht mehr und nicht weniger. »Dort im reizenden Land unserer Väter werden sich all unsere Hoffnungen verwirklichen.« Allesamt. Nicht die eine oder die andere Hoffnung. Und es hat jene Menschen gegeben, die ihr gesamtes Leben der Aufgabe gewidmet haben, die verschiedenen Träume aus den Büchern in die Wirklichkeit übergehen zu lassen. Sie waren der Meinung, einen Traum aus einem Buch in eine lebendige Wirklichkeit zu überführen sei, wie einer Auster die Perle zu entnehmen. Sie wußten nicht, daß es vielmehr so ist, wie wenn man einen tropischen Fisch aus seinen tropischen Gewässern entfernt. Und so ging dann allmählich etwas schief. Etwas schnappte ein. Kummer und Krieg kamen. Dunkle Triebe und Gelüste zeigten sich, Anmaßungen und allerhand Wahnsinn. Etwas lief nicht so, wie der Plan es vorsah.

Der zionistische Traum war wunderbar und furchteinflößend. Er zeigte Elemente von Wahnsinn und Verzweiflung und zugleich Klarheit und sogar eisenharter Logik. Die Visionäre suchten das Unmögliche, und sie erreichten mit Weisheit, mit Klugheit und mit einem scharfen Sinn für die Wirklichkeit das Mögliche. Trotz alledem ist der Zionismus die beste und richtigste Idee, die dem verdrehten jüdischen Denken in zweitausend Jahren entsprungen ist. Das ist meine Meinung, trotz allem, was wir getan haben und was uns hier widerfahren ist. Aber etwas ist seit den Anfängen eingeschnappt. Jeder weiß es, auch jene, die es nicht wissen wollen.

Manches läßt sich wieder in Ordnung bringen. Nicht alles. Ich weiß nicht, wie man es reparieren kann. Ich habe in meiner schriftstellerischen Arbeit versucht, Zeuge zu sein, festzuhalten – mit allen meinen Fähigkeiten, vorsichtig und genau –, was hier der Fall ist, was man erträumt hat, worin die Träume bestanden und wer die Visionäre waren; ich habe versucht festzuhalten, was geschehen ist.

Spräche ich hier und jetzt von allem, was mir auf der Seele liegt, würde ich die Feier verderben. Spräche ich nicht, müßte ich mich schämen, nicht gesprochen zu haben. Ich weiß, Worte geben oft das Falsche wieder. Aber Schweigen ist häufig nur eine schändliche Form des Redens.

Der Staat Israel oder das Land Israel[*]

...Zunächst einmal möchte ich Avraham Yaffes Feststellung aufgreifen, wonach »das Land Israel ein lebendiges Geschöpf ist«. Das ist nicht wahr. Wir sind lebendige Geschöpfe. Nicht das Land. Das Land ist unser Ort, ein Ort, ohne den wir mit Sicherheit ein anderes Volk wären. Dadurch wird es zu einem bedeutenden Ort für uns, aber nicht zu einem lebendigen Geschöpf. ...Im Gegensatz zu Kenan, Yaffe und Naomi Shemer gehöre ich nicht zu jenen, die »das Land Israel im Unterschied zum Staat Israel lieben«. Ich liebe den Staat Israel in der Tat ein wenig. Zumindest manchmal.

Kenan fragt, ob es wirklich ein Gebilde wie den Staat Israel gibt. Meine Antwort: Ja, das gibt es. Ich bin bereit, seine Grenzen auf der Landkarte nachzuzeichnen, und ich tue das gern. Kenan schreibt von den Hügeln Israels: »Findlinge auf den Gipfeln, Alpenveilchen, Ysop. Das gab es dort.« Und er setzt hinzu: »Aus Furcht vor dem bösen Blick will ich nicht sagen, wo.« Damit wir nicht, Gott behüte, massenweise dorthin wandern, mit Picknickkörben, und ihm sein Land Israel verhunzen. Und Kenan schreibt weiter: »...der rasche, scharfe, grausame Übergang vom Staate Israel zum Land Israel, dem Land der Bibel. ...Man geht durch die endlosen Vorstädte von Tel Aviv und weiß nicht, ob man Tel Aviv bereits verlassen hat und sich schon in Herzliya befindet... oder ob das alles Kfar Saba ist? Man geht an Zehntausenden von Stereoanlagen vorüber, an Mil-

* Dieser Artikel beruht auf Ausführungen bei einem Symposium im Tsavta Club in Tel Aviv, das nach der Veröffentlichung von Amos Kenans Buch *To Your Country, To Your Homeland* stattfand. Die Teilnehmer waren: die Schriftsteller Yitzhak Ben-Ner und Amos Kenan, General Avraham Yaffe und Amos Oz. Die Dichterin Naomi Shemer war eingeladen, aber verhindert.

lionen von Quadratmetern Fußbodenteppich und Tapete... ein Meer von Resopal-Küchenschränken und Wälder von Fernsehantennen. So war die Ebene des Sharon einmal und so ist sie jetzt. Und dann, zack, ist man auf einmal im Heimatland.«

Man beachte: Er überschritt die Grüne Linie zur West-Bank und kam im Heimatland an. »Zack«, wie er es formuliert.

Und weiter: »Die steinigen Hänge sind ein Kinderspiel für diejenigen, die die Haine der Sharon-Ebene genommen und sie in Farbstereo verwandelt haben. Gegen sie hat man keine Chance. Hier sind die Resopalwüsten und Tapeteneldorados der Zukunft: Karne Shomron, Har Kabir, Kaddum [jüdische Siedlungen auf der West-Bank].«

Ich habe laut gelacht, als ich das gelesen habe. Und zwar nicht über das Pech von Kaddum und Karne Shomron, sondern über das Stelldichein, das hier deutlich wird, von Kenan, der linken Taube, und Shemer, der passionierten Annexionistin der West-Bank. Eine völlig unglaubliche Hochzeit, möchte man meinen, zwischen Herrn Kenan, einem früheren Mitglied einer rechten Untergrundbewegung vor der Staatsgründung, der nun ein Befürworter der Teilung des Landes und der Errichtung eines palästinensischen Staates ist, und Fräulein Shemer, einer Tochter des Kibbuz Kinneret, die nun darum kämpft, jeden Zentimeter Land zu halten. Sie beide lieben, wie sich herausstellt, das Land Israel sehr innig, und beide lieben sie den Staat Israel überhaupt nicht. Kenan überquert die Grüne Linie und, zack, ist er im Heimatland, das auch das sentimentale Heimatland Shemers ist: ein pittoreskes Dorf, Zisternen und der übrige Zauber des biblischen Orient, der aus irgendeinem Grunde als Land der Palästinenser drapiert ist. Ich betrachte diese »Partie« zwischen Kenan, Shemer und Yaffe beinahe mit Amüsement. Es ist stets faszinierend, zu registrieren, wie

Menschen sich auf eine Reise durch den Raum begeben, wenn sie in Wirklichkeit eine Zeitreise machen wollen – oder umgekehrt: Sie reisen durch die Zeit, wenn sie sich tatsächlich nach anderen Orten sehnen. Wer in biblische Zeiten oder eine Art vorbiblischen Orientalismus zurückkehren will, steht auf, überquert die Grüne Linie und – zack. Wer zu den Tagen seiner Jugend zurückkehren will, steht auf und begibt sich zu den »Pionieraußenposten« auf dem Sinai. Und wer sich voller Nostalgie nach der Heimat seiner Eltern im jüdischen Shtetl Osteuropas sehnt, steht auf und versucht, das Königreich Davids und Salomos des Jahres 1000 vor der christlichen Zeitrechnung wiedererstehen zu lassen. Ganz zu schweigen von jenen, die in Amerika leben wollen und um sich herum irrtümlicherweise etwas schaffen, was dem jüdischen Warschau von vor fünfzig Jahren nicht unähnlich ist, und davon überzeugt sind, das sei Amerika.

Ich beobachte diese Phänomene aus dem Inneren des Staates Israel heraus. Um genauer zu sein, vom Kibbuz Hulda aus, das in der Küstenebene liegt.

Ich bin wie Kenan dafür, das Land Israel zwischen seinen beiden Völkern aufzuteilen. Aber nicht, um den biblischen Charakter von Judäa und Samaria vor den Gefahren von Resopal und Tapeten zu bewahren. Ich gebe zu: Meiner Meinung nach gibt es schönere Dinge als unfruchtbare, steinige Hänge, obwohl ich glücklich wäre, wenn wenigstens einige davon erhalten blieben.

Das Thema des heutigen Abends »Wie kann man zum Land Israel zurückkehren?« ist mir nicht ganz klar. Wir *befinden* uns im Land Israel. Dies Untergeschoß hier in einem großen Gebäude in Tel Aviv ist auch das Land Israel. Und genauso sind das »Spar-und-Darlehen-Dorf«, das Gebäude 3, der Bebauungsplan 8 oder die Arbeitergenossenschaftsstadt 13 das Land Israel. Das Meer von Resopal ist ebenfalls das Land Israel. Oder besteht heute abend die geheime Absicht darin, das Land Israel in einen Gegensatz zum Staat Israel zu stellen, um letztlich den Staat Israel zu negieren? Und vielleicht ist das ja insgeheim der gemeinsame Nenner, der Herrn Kenan, General Yaffe und Fräulein Shemer verbindet. Wenn sie im Namen irgendeiner visionären Idee den Staat in Abrede stellen, wäre das noch verständlich. Aber sie negieren ihn im Namen eines sentimentalen Exotismus.

Wenn Israel in vielfacher Hinsicht immer mehr zu einer Art jüdischer Diaspora wird, wird meiner Meinung nach keine jüdische Siedlung auf der West-Bank Israels »Jugend« oder »Israelhaftigkeit« wiederherstellen. Sicherlich werden die Gegenden mit palästinensischem Charakter Israel keine biblische Note verleihen. Solange die Diaspora ihre Prioritäten und ihren Geschmack den Israelis vorschreibt, werden sie die Diaspora mit sich tragen, ganz gleich, wohin sie gehen. Um uns von der Diaspora frei zu machen, brauchen wir uns nicht den »unbefleckten«, »unverdorbenen« geographischen Gegenden zuzuwenden, denn es geht hier nicht um räumliche Probleme. In dieser Hinsicht hat Kenan recht, und seine Worte sind wahr und wichtig: Man baut sein Haus und legt seinen Garten in Übereinstimmung mit seiner Persönlichkeit an. Ich würde sagen, in Übereinstimmung mit seiner Mentalität, aber eine »Mentalität« haben ja nur die Araber. Oder jemand baut sein Haus und seinen Garten in Übereinstimmung mit seinen Träumen und Sehnsüchten. Wenn er von Amerika träumt, dann wird er Amerika errichten, wohin er auch geht, in jeder Landschaft. Tatsächlich wird er nicht Amerika errichten, sondern ein Bild dessen, was seine Phantasie für Amerika hält, ohne jeden Bezug zum wirklichen Amerika. Er wird sein Wohnzimmer entsprechend möblieren, ganz gleich, ob es sich auf einem Berg in Samaria befindet oder auf einem Berg mit

Blick auf das Jesreel-Tal. Der steinige Berg wird das Aussehen seiner Bewohner annehmen, trotz der archäologischen Ausgrabungen, der biblischen Erinnerungen und den Überbleibseln der Antike.

Es gibt auch den umgekehrten Vorgang: Der einzelne wird von seiner Umgebung geformt; der Mensch wird vom Klima, der Flora und der Landschaft beeinflußt. Aber dieser Prozeß mißt sich im Gegensatz zu dem anderen in Hunderten von Jahren und nicht in ein oder zwei Generationen.

Archäologische Ausgrabungen bedeuten mir wenig, obwohl die historischen Wurzeln für mich wichtig sind. Welche Historie? Welche Wurzeln? Meine Mutter und mein Vater, meine Großeltern – was vor ihrer Zeit geschehen ist, fasziniert mich in Büchern, nicht an physischen Artefakten. Für mich besteht das Land Israel der weit zurückliegenden Vergangenheit in Büchern, nicht in Scherben. Wenn man die Worte der Propheten, die Abenteuer der Könige, das Hohe Lied gelesen hat, was können da Scherben noch beisteuern? Das ist ja so, wie wenn ich Dostojewski gelesen habe und jemand bringt mir eine Streichholzschachtel aus St. Petersburg mit. Übrigens können Scherben und Streichholzschachteln natürlich dazu beitragen, Kontinuität zu illustrieren oder die Phantasie anzuregen, aber sie haben als solche nicht die Fähigkeit, Gefühle zu wecken, jedenfalls nicht in mir. In der heutigen Zeit sollte ich noch folgendes hinzufügen: Wir müssen, angesichts der ultra-orthodoxen Opposition, für das Recht der Archäologen kämpfen, Ausgrabungen weiterzuführen, ungeachtet des subjektiven empirischen Gewichts von Tonscherben. Die Worte der Propheten sind mir unendlich wichtiger als die Entdeckung eines Prophetenknochens oder die Ausgrabung der Steine, mit denen unsere Vorväter die Propheten beworfen haben. Ich würde ja die Hügel von Samaria und Judäa als »hübsche«, »interessante« und »gefällige« Orte bezeichnen, wenn sie nicht heutzutage für zwei Völker der Schauplatz einer schrecklichen Tragödie wären, wenn sie nicht heutzutage für jeden, Einwohner und Besetzer gleichermaßen, voller Haß, Ungerechtigkeit und Gefahr wären. Es fällt mir schwer, solch einen Schauplatz einer Tragödie als »pittoresk«, »ästhetisch schön« oder »ergreifend« zu bezeichnen.

Es ist nun einmal so: Ich mag den Staat Israel nicht immer, aber manchmal liebe ich ihn. Unter anderen, nicht tragischen Umständen könnte ich vielleicht alle möglichen pittoresken biblischen arabischen Dörfer auf der West-Bank ästhetisch ansprechend finden, aber das ist nicht meine Welt. Und ich bin von ihnen nicht bezaubert, jedenfalls nicht auf die Weise von Fräulein Shemer und nicht auf die Art von General Yaffe oder Herrn Kenan.

Ich möchte, daß sich die Juden hier ändern, das ja. Sie sollen sich mit sich selbst aussöhnen, mit einer Geschichte voller Unglück, Verrücktheiten und Neurosen. Sie sollen sich ein wenig miteinander aussöhnen. Vielleicht werden sie dann im Laufe der Zeit auch mit dem Land ihren Frieden machen. Dann, aber erst dann, werden das Gebäude, das Haus, der Garten, die Nachbarschaft und die Stadt zufriedenstellender, mit anderen Worten: schöner sein. Solange wir nicht den Versuch machen, »unsere verlorene Kindheit wiederzuerschaffen«. Weder unsere individuelle Kindheit des britischen Palästina mit Pferdeschwänzen und Söckchen und dem Weideland von Jesreel noch unsere gemeinsame Kindheit mit biblischen Schafherden, die auf den Hängen biblischer Berge grasen. Weil jeder Versuch dieser Art neurotisch ist. Und weil er nicht gelingen kann: Was einmal war, wird nicht wiederkommen. Selbst wenn wir es ungemein, ganz furchtbar wollen. Selbst wenn wir uns unaufhörlich danach sehnen. Hebron und Nablus werden uns nicht gehören, ob die Propheten dort einst wandelten oder nicht, ob die Steine, mit denen unsere Vorfahren die Propheten gerne bewarfen, dort noch herumliegen oder nicht. Es wird uns nicht gehören, und das wird für jedermann auch besser so sein.

Wir müssen uns auf den Staat Israel konzentrieren, ihn wollen und alle unsere Mühen in ihn legen, an ihm arbeiten und um sein Wesen und seine Gestalt kämpfen. Vielleicht wird er tatsächlich etwas mediterran, zufriedener, entspannter und etwas schöner.

Wenn man dies Ziel vor Augen hat, hat es keinen Sinn, gegen Resopal und gegen Tapeten Krieg zu führen. Um dieses Ziel zu erreichen, müssen wir etwas in uns selbst ändern. Die Veränderung kann nicht revolutionär sein, kann nicht durch ein »Zack« zustande kommen. Sie wird, wenn überhaupt, eine allmähliche und sehr langsame Veränderung sein, denn es wird, wie es scheint, eine sehr tiefgehende Veränderung sein.

Es hat keinen Sinn, mit dem Staat Israel Krieg zu führen, die Grüne Linie zu überqueren, um Duft von palästinensischen/biblischen Obstgärten und Olivenhainen, von Minze und Ysop einzuatmen, die Augen zu schließen und dann zu erklären: »Ich habe das Heimatland erreicht.« Es hat mit Sicherheit keinen Sinn, wie Kenan zu sagen: »Der Staat hat mir das Heimatland getötet.« Ob zum Guten oder zum Schlechten oder zum Allerschlechtesten, der Staat ist das Heimatland. Besonders dann, wenn Kenan und ich über Shemer und Yaffe gesiegt haben und wir endlich die besetzten Gebiete den Palästinensern zurückgegeben haben. Danach werden wir vielleicht versuchen, uns selbst zu ändern – wenn das immer noch möglich ist.

Der Text erschien in anderer Form
im Februar 1982 in *Proza*.

Macht Frieden, nicht Liebe

Der jetzt auszuhandelnde Friede ist ein Friede zwischen Israel und Palästina unter der Führung der PLO (oder vielleicht der PLO unter einem anderen Namen). Friede zwischen Israel und Jordanien, zwischen Israel und »einer palästinensischen Autonomie« oder zwischen Israel und der West-Bank-Dorf-Liga – ist nicht mehr von Bedeutung. Es spielt keine Rolle, warum er nicht mehr von Bedeutung ist oder ob das gut ist oder nicht oder ob ein derartiger Friede jemals von Bedeutung gewesen ist oder nicht – zur Zeit geht es um den Frieden zwischen Israel und Palästina.

Die Arbeiterpartei unter der Führung von Yitzhak Rabin ist nicht fähig, Frieden zwischen Israel und Palästina zu schließen. Solange sie durch die Geister von Golda Meir, Moshe Dayan und Yisrael Galili beherrscht wird, ist nicht absehbar, daß sich die Arbeiterpartei von politischen Strategien befreit, die nicht mehr angebracht sind.

Die nicht-zionistische Linke ist gleichermaßen in Dogmatismus verstrickt: Sie akzeptiert nicht nur zum größten Teil die Positionen der PLO, sie unterstützt weitgehend die PLO und identifiziert sich mit ihr. Folglich hat sie keine Aussichten, Einfluß auszuüben.

Somit ist es die zionistische Linke, die sich engagieren muß, um den Frieden zwischen uns und Palästina zu erreichen, unter der Bedingung, daß Israels Sicherheit garantiert ist. Wir müssen Frieden schließen, aber wir müssen nicht anfangen, die PLO mit Lobpreisungen zu umgarnen.

Israelis und Palästinenser sind durch Ströme von Schmerz, Trauer und Wut voneinander getrennt. Wir sollten nicht vergessen, daß die palästinensische Nationalbewegung sechzig Jahre lang eine Politik des Völkermords gegenüber den israelischen Juden vertreten hat (»Idbach al Yahud!«–»Schlachtet die Juden!«). Noch bis vor kurzem rief man offiziell zur Vernichtung Israels als Nationalstaat auf. Nun hat man (vielleicht nur verbal) die Forderung nach Israels Vernichtung aufgegeben. Wir sollten die Bedeutung von verbalen Veränderungen nicht unterschätzen (tatsächlich kündigt sich jede historische Einstellungsänderung durch eine verbale Änderung an). Und doch muß die friedliebende Linke ihre Perspektive beibehalten. Es geht darum, mit einem tödlichen Feind Frieden zu schließen, und zwar nicht etwa, weil er tief unter seinem Wolfspelz in Wirklichkeit ein Lamm ist, sondern eben weil er ein tödlicher Feind ist, der nun behauptet, zu Friedensverhandlungen bereit zu sein. Wir müssen die Möglichkeiten vorsichtig und nüchtern verfolgen, und nicht mit einem Gefühlsausbruch.

Es geht um die Teilung des Landes unter seine beiden Völker, also um eine Position, die der politische Zionismus bei zahlreichen Gelegenheiten in der Vergangenheit vertreten hat. Erst als die Regierung Begin 1977 an die Macht kam, hat Israel diesen Plan aufgegeben. Wir müssen ihn im Prinzip bestätigen, während wir unsere Bedingungen für eine derartige Teilung formulieren: Keine fremde Armee darf jemals die Gebiete, aus denen sich Israel zurückzieht, besetzen. Sollte es aber dazu kommen, so müßte man dies als Verletzung des Friedensvertrags ansehen. Die Regierung in diesen Gebieten müßte für jegliche Form des Angriffs oder der Beunruhigung Israels zur Verantwortung gezogen werden. Man muß sich in jeder Hinsicht verpflichten, keine militärischen Bündnisse mit anderen Mächten einzugehen. Jeglicher Bruch einer derartigen Verpflichtung wird als gerechter Grund für ein militärisches Eingreifen Israels betrachtet. Die israelische Linke sollte als erste ein Eingreifen fordern, falls der Friede von den Palästinensern, sobald sie ihr eigenes Heimatland haben, gebrochen wird.

Es hat keinen Sinn, bei Israels Ansprüchen auf Grenzziehungen in von Arabern dünn besiedelten Gegenden moralische Skrupel anzumelden, da man beinahe mit Sicherheit davon ausgehen kann, daß Palästina und Westjordanien eines Tages eine einzige Nation sein werden, deren Territorium fünf- oder sechsmal so groß sein wird wie dasjenige Israels. Sollte sich in der Zwischenzeit Palästina überbevölkert vorkommen, dann soll es Gebietsforderungen an das Königreich Jordanien richten, wo zwei Drittel der Bevölkerung ohnehin palästinensisch sind und es genügend unbewohntes Land gibt.

Unmittelbar nach dem Friedensschluß zwischen Israel und Palästina muß Israel den israelischen arabischen Bürgern volle Gleichheit gewähren und garantieren: gleiche Rechte, gleiche Pflichten, einschließlich Militärdienst und Reservepflicht in der israelischen Armee. Israelische Araber müssen sich frei und eindeutig entscheiden, ob sie Israelis in Israel, Palästinenser in Palästina oder palästinensische Bürger mit Wohnsitz in Israel sein wollen.

Der Friedensvertrag sollte für die jüdischen Siedler auf der West-Bank und im Gazastreifen eine entsprechende Wahl vorsehen. Sie sollten ihrerseits die Wahl haben, palästinensische Bürger zu werden, nach Israel zu gehen oder dort zu bleiben, wo sie sind – als Israelis mit Wohnsitz in Palästina.

Das »Zielpublikum« der zionistischen Linken, also die Öffentlichkeit, deren Denken und Fühlen wir erreichen müssen, sind nicht die gemäßigten Palästinenser. Wir müssen uns zunächst und vor allem an jene Israelis wenden, die den Arabern mißtrauen und befürchten, daß dieser Frieden eine Falle ist. Wir müssen mit diesen Israelis ohne jede Herablassung oder Mißbilligung reden.

Wir sollten also unsere Energie weniger auf jene ungleichen Treffen zwischen Mitgliedern der zionistischen Linken und ihren palästinensischen Gesprächspartnern richten, die doch immer auf gemeinsame Verurteilungen der israelischen Besetzung hinauslaufen, sondern uns vielmehr darauf konzentrieren, mit jenen Israelis ins Gespräch zu kommen, die der PLO argwöhnisch gegenüberstehen und die Errichtung eines palästinensischen Staates, unter welchen Bedingungen auch immer, fürchten. Ein derartiger Dialog wird nur dann fruchtbar sein, wenn die zionistische Linke den Argwohn und die Befürchtungen ernst nimmt. Wir müssen eine verantwortungsbewußte und überzeugende Antwort auf die legitime Angst der »Falken« geben, die lautet: »Nach Nablus und dem Gazastreifen werden diese Araber Jaffa und Haifa wollen.«

Nach einer kürzlichen Umfrage sind vierundfünfzig Prozent der jüdischen Bevölkerung Israels unter entsprechenden Bedingungen dafür, sogar mit der PLO in Verhandlungen zu treten. Das bedeutet, daß Zehntausende von Likud-Wählern und Hunderttausende von Wählern der Arbeiterpartei bereit sind, mit der PLO zu reden. Das heißt doch, daß viele Wähler den Likud unterstützt haben, nicht etwa, um einen Israel-PLO-Dialog zu verhindern, sondern weil ihrer Meinung nach eher der Likud als die Linke mit Arafat verhandeln sollte. Vielleicht befürchten sie, die Linke könnte »ihre Großmutter den Arabern verkaufen«.

In der palästinensischen Welt gibt es kein Gegenstück zur israelischen Intelligentsia, die bereit wäre, in eine scharfe Auseinandersetzung mit den herrschenden Schichten und ihren Ideologien zu treten. Ich will damit dem palästinensischen Volk oder seinen Intellektuellen keine schlechten Noten erteilen, sondern hervorheben, daß die israelischen Intellektuellen darauf hinarbeiten müssen, die Politiker an den Verhandlungstisch zu bringen, und nicht versuchen sollten, anstelle der Politiker zu verhandeln: Es hat keinen Sinn, daß israelische Intellektuelle und offizielle bzw. inoffizielle Vertreter der PLO verhandeln. Wir sind nicht in Vietnam, und es ist sinnlos, die damalige Geste von Jane Fonda (die sie heute bereut) nachahmen zu wollen. Dies ist ein Krieg zwischen Israel und der arabischen Welt (zu der die Palästinenser gehören) – und kein Krieg zwischen den Arabern und dem israelischen Schriftstellerverband. Nicht der Schriftstellerverband muß mit Palästina Frieden schließen. Die Aufgabe der Intelligentsia besteht darin, die Mehrheit der Nation davon zu überzeugen, daß die Politiker sich hinsetzen und mit Herrn Arafat eine deutliche Sprache reden müssen.

Israel hat keine andere legitime und anerkannte Führung als die Regierung von Yitzhak Shamir. Das mag man bedauern, aber es ist sinnlos, den Palästinensern vorzutäuschen, sie könnten die Notwendigkeit direkter Verhandlungen mit dieser Regierung umgehen. Und ich sehe auch keinen Wert in »literarischen« Friedensverträgen zwischen oppositionellen israelischen Künstlern und palästinensischen Künstlern, die nahezu immer den herrschenden Schichten der PLO angehören.

Kurz gesagt, die israelische Intelligentsia darf weder einen Monolog mit sich selbst noch einen Dialog mit den Palästinensern führen. Sie muß zunächst und vor allem die Ablehnungsfront jener Israelis aufbrechen, die den Frieden mit Argwohn und Befürchtungen betrachten.

Es ist falsch und dumm zugleich, die israelisch-palästinensische Tragödie als Bürgerrechtskampagne darzustellen. Die Palästinenser sind nicht unsere dunkelhäutigen Mitbürger, die unter Diskriminierung zu leiden haben. Sie sind eine Nachbarnation, ein geschlagener und eroberter Feind. Arafat ist kein Martin Luther King. Die akademische Freiheit der Universität von Bir Zeit ist weder der Grund noch das Zentrum der Tragödie. Israel marschierte 1967 in Nablus und Gaza wegen einer tatsächlichen und unmittelbaren

Bedrohung seiner Existenz ein. Wir sind nicht in Nablus und Gaza einmarschiert, um die Bürgerrechte eines Volkes aufzuheben oder es mit Bürgerrechten zu überschütten. Wenn es zum Frieden gekommen sein wird, werden wir uns zurückziehen, ganz gleich, wie es um die Bürgerrechte dort steht. Die Palästinenser auf der West-Bank und im Gaza-streifen besaßen sehr wenige Rechte vor unserem Einmarsch, und wir können mit Bedauern vermuten, daß sie auch wenig Freiheiten haben werden nach unserem Rückzug.

Es handelt sich nicht darum, Palästinenser und Israelis gleichzustellen oder zu integrieren. Es handelt sich um eine Zweistaaten-Lösung. Wir schulden den Palästinensern ein einziges Recht: das Recht auf Selbstbestimmung. Bis es dazu kommt, müssen wir natürlich wachsam sein und auf jede gewissenlose Handlung reagieren, die die israelische Militärregierung oder die jüdischen Siedler auf der West-Bank oder im Gazastreifen verüben.

Auch wenn die zionistische Linke behauptet, die Palästi-nenser hätten ein Recht auf Selbstbestimmung, sobald Israels Friede und Sicherheit garantiert sind, so braucht sie diese doch nicht als die »gute Seite« in diesem Konflikt darzustellen oder sie zu reinen und unschuldigen Opfern hochzustilisieren. Es gibt überhaupt keinen Grund, jeden Unsinn und jede Böswilligkeit aus dem Mund palästinensischer Führer zu wiederholen und zu verteidigen. Selbstbestimmung ist kein Preis, der für gutes Verhalten verliehen wird. (Wenn nur gute und rechtschaffene Völker mit einer »saube-ren Vergangenheit« das Recht auf Selbstbestimmung verdienten, so müßten wir noch heute um Mitternacht die Souveränität von drei Viertel der Nationen dieser Welt aufheben und mit Deutschland und Österreich anfangen.) Die israelische zionistische Linke befindet sich im Irrtum, wenn sie versucht, die übrige Nation davon zu überzeugen, daß die Palästinenser die Getretenen sind, daß sie so schlimm auch nicht sind, daß sie eigentlich nett und freundlich und friedliebend sind.

Wir müssen der palästinensischen Nationalbewegung kein »moralisches Zeugnis« ausstellen. Und ebensowenig ist die Seelenerforschung des moralischen Charakters unseres Nationalismus nicht Sache der Palästinenser, und wir bitten Arafat nicht darum, sein Volk davon zu überzeugen, daß Israel gerecht ist und Souveränität verdient. Es geht nicht um Abstufungen von Moral, sondern um die Entscheidung zweier Feinde, das Leben zu wählen.

Die friedliebende Linke muß, um die den Frieden fürchtenden Israelis zu überzeugen, ja mehr noch um ihrer eigenen Integrität willen, eine moralische, ideologische und emotionale Verpflichtung eingehen: nämlich als erste zu den Waffen zu greifen, falls nach der Errichtung eines Palästinenserstaates die Palästinenser versuchen, mit Mitteln des Terrors, der militärischen Provokation Israels oder der Aufwiegelung israelischer Araber das in die Wirklichkeit umzusetzen, was sie die »Schritt-für-Schritt-Strategie« nennen.

Die Sprecher der zionistischen Linken müssen als erste jegliche palästinensische Äußerung brandmarken, die auf arabisch »zu interner Verwendung« verfaßt ist und zur Vernichtung Israels aufruft, wie etwa diejenige von Arafats Stellvertreter Abu Djihad kaum eine Woche nach der Anerkennung der PLO durch die USA. Abu Djihads Stellungnahme zufolge, die in Kuweit ausgestrahlt wurde, ist ein arabischer Staat in Palästina nur der erste Schritt auf dem Weg zu einem völlig arabischen Palästina.

Die Linke sollte die Verurteilung derartiger Äußerungen nicht der Rechten überlassen. Sie sollte sich nicht winden und zu erklären versuchen, Abu Djihad habe dies in Wirklichkeit nicht so gemeint, sei mißverstanden worden, habe eine entbehrungsreiche Kindheit gehabt, vertrete tatsächlich doch niemanden oder beherrsche nicht genügend das Arabische...

Da die Arbeiterpartei unter der Führung von Yitzhak Rabin augenscheinlich nicht zum Abschluß eines Friedensvertrags entschlossen ist, muß die zionistische Linke Hunderttausende von Wählern der Arbeiterpartei und Zehntausende von Likudwählern erreichen und sie davon zu überzeugen versuchen, daß es keine Alternative gibt zu einer israelisch-palästinensischen Vereinbarung und daß es an der Zeit ist zu prüfen, was an der neuen Politik der PLO richtig ist und was falsch. Das läßt sich mit Hilfe von direkten Verhandlungen zwischen Israel und der PLO erreichen. Um derartige Verhandlungen aufzunehmen, müssen wir die Grundhaltung hier in Israel verändern. Und dies erreichen wir nicht, wenn wir die Falken beleidigen, verunglimpfen oder wütend machen.

Wir wären gut beraten, den Kampf um einen israelisch-palästinensischen Frieden von anderen wichtigen Themen zu trennen. Es ist unklug, der israelischen Öffentlichkeit den Frieden als Teil eines umfassenden Pakets anzubieten, wozu der öffentliche Transport am Sabbat, die Aufhebung der Zensur oder die Rechte der FKK-Anhänger gehören. Es gibt keinen Grund, das Thema Friede mit anderen Problemen zu verbinden, die viele Israelis aus religiösen, moralischen oder bürgerlichen Gründen für unannehmbar halten. Wenn man den Frieden mit »permissiven« Themen verknüpft, dient man damit weder der Sache des Friedens noch den individuellen Rechten.

Die Schaffung des Friedens hat Vorrang vor den anderen Kämpfen, die die Intelligentsia führt. Und er wird vielleicht auch den Ausgang dieser anderen Kämpfe beeinflussen.

Der Schauplatz ist nicht die Universität von Bir Zeit auf der West-Bank. Es geht um die Umgebung von Jerusalem und Tel Aviv. Um genauer zu sein, es geht wohl weniger um

die Innenstadt von Tel Aviv, sondern um die Entwicklungs-
städte.

Der Kampf besteht nicht in einer »Verteidigung« der Palästinenser oder in der Unterstützung ihrer Sache. Wir sollten
vielmehr die Notwendigkeit und Logik der Teilung des
Landes zwischen zwei Völkern hervorheben und die damit
verbundenen Vorteile und Nutzen. Wir müssen anerkennen, daß die blinde Wut der Israelis über das »Verhalten« der
Palästinenser zumindest genauso verständlich, menschlich
und berechtigt ist wie die Wut der Palästinenser über uns.
Wir reden, kurz gesagt, über einen Friedensschluß und nicht
über Flitterwochen: *Macht Frieden, nicht Liebe*...

Bedenkt man die jüngsten Umfrageergebnisse, so ist es
vielleicht an der Zeit, daß die Führung im Kampf um den
Frieden von den Intellektuellen – Schriftstellern, Künstlern,
Professoren und Journalisten – auf andere übergeht. Solange die friedliebende Intelligentsia sozusagen der Rufer in
der Wüste war, spielte sie eine mutige Vorreiterrolle im
Kampf um die gegenseitige Anerkennung und den Frieden
zwischen den beiden Völkern. Da aber die grundsätzliche
Anerkennung der Existenz zweier Völker und die Notwendigkeit zum Gespräch mit der PLO jetzt von der Mehrheit
der Juden bejaht werden, wäre die Intelligentsia gut beraten, das Cockpit der Friedensbewegung anderen Gruppen
der israelischen Gesellschaft zu überlassen – je früher, je
besser. Wenn die Sache des Friedens unablässig mit Schriftstellern, Künstlern und Professoren gleichgesetzt wird, als
wäre sie deren Privatangelegenheit, so könnte dies für den
Frieden wie auch für eben diese Intelligentsia verhängnisvoll
sein.

Wenngleich die Rechte wahrscheinlich den folgenden
Vorschlag ablehnen wird, sollte er doch von der Linken als
Grundlage für einen nationalen Dialog vorgebracht wer-
den: Wenn die Rechte ihre Haltung zu Gesprächen mit der

PLO und zu einem Kompromiß zwischen den beiden Völkern abschwächt, dann wird sich die Linke feierlich verpflichten, die Friedensgrenzen zu verteidigen, und darauf drängen, daß jede Vereinbarung und jedes Komma des Friedensvertrags eingehalten werden. Trotz der Etikettierungen, mit denen man uns versieht, sind wir keine »pazifistische« Linke, keine Tauben, halten wir nicht auch »die andere Wange« hin. Wir sind israelische Patrioten und glauben, daß der Friede nicht nur notwendig, sondern auch möglich ist. Und wenn der Tag kommt, da unsere Schwerter zu Pflugscharen gemacht werden, werden wir dafür sorgen, daß es nicht nur israelische Schwerter sind, die man auf diese Weise recycelt.

Yediot Aharonot, 30. Dezember 1988

Der Kern der Angst

Wenn ein entmilitarisiertes Palästina Seite an Seite mit Israel existiert und sich in Frieden mit uns befindet, wird es ein Land mit einem Fünftel der Größe Albaniens und einer kleineren Bevölkerungszahl als der Kuwaits sein. Jeder Punkt seines Territoriums wird in Reichweite konventioneller israelischer Waffen liegen.

Wie läßt sich angesichts dieser Tatsache die düstere Urangst erklären, die die Vorstellung eines derartigen Palästinenserstaates selbst bei rational denkenden Israelis hervorruft? Woher rührt der erstaunliche Umstand, daß Israel lieber noch einen gräßlichen Krieg und noch einen und noch einen gegen alle arabischen Staaten führen würde – einschließlich des Irak mit seinen fünfzig schlachterprobten Divisionen, Syriens mit seinen Hunderten neuer Kampfflugzeuge und Tausenden von Panzern und Saudi-Arabiens mit seinen monumentalen Waffenarsenalen und unerschöpflichen Ressourcen –, als mit dem winzigen Palästina Frieden zu schließen? Israel verhält sich, als wäre es bereit, einen sich in die Länge ziehenden Konflikt mit der gesamten moslemischen Welt zu bestehen, mit der gesamten Dritten Welt, mit dem kommunistischen Block, mit der Europäischen Gemeinschaft und vielleicht sogar eines Tages mit den USA – solange es nicht mit dem winzigen Palästina koexistieren muß. Manchmal hat man den Eindruck, Israel sei eher bereit, einen tiefen inneren Riß in Kauf zu nehmen, der die Bereitschaft der Hälfte seiner Bürger zum Kampf zunichte machen könnte, als eine Zweistaaten-Lösung zu akzeptieren; es tue alles, um nur nicht neben einem Fünftel von Albanien, der Hälfte von Kuweit zu leben, und selbst das unter der Bedingung, daß Palästina entmilitarisiert ist und keine ausländischen Armeen auf seinem Territorium duldet.

Wie läßt sich dies verrückte Phänomen begreifen: Israel ist vorbereitet, es mit der ganzen Welt aufzunehmen, um die Gefahr des Friedens mit einem Nachbarn abzuwenden, dessen wirkliche Ausmaße die einer Stadt sein werden? Der Israeli ist offenbar tapfer genug, die ganze Welt herauszufordern – und so feige, die Koexistenz mit einem »Palästina im Taschenbuchformat« zu fürchten. Neulich im Bus: »Dieser George Bush ist im Weißen Haus ja ein großer Held. Mal abwarten, wie er aussieht, wenn er's mit uns zu tun hat.« Und ein andermal: »Wenn Arafat Kalkilya kriegt, ist er innerhalb von zehn Minuten in Tel Aviv.«

Urtümliche, dunkle Angst.

Der mutig-feige Israeli wird wie immer diese Standardantwort parat haben: »Wenn man ihnen Nablus und Gaza gibt, wollen sie morgen Jaffa und Haifa.«

Und wenn man ihnen Nablus und Gaza nun nicht gibt, wollen sie dann Jaffa und Haifa nicht?

Und wenn sie wirklich Jaffa und Haifa wollen, was dann?

Was ist also der Kern der Angst? Worin liegt die latente Bedrohung durch ein winziges Palästina für uns? Warum ist die Vorstellung eines Staates von der Größe Long Islands zwischen Hebron und Nablus zum Tropfen geworden, der das Faß zum Überlaufen bringt, zur Erbse, die den Schlaf der israelischen Prinzessin stört, die jahrzehntelang auf einem explosiven Stapel von Matratzen verschiedener großer Feindstaaten gelegen hat?

Vielleicht, weil Palästina in uns ein schwaches, unterdrücktes Schuldgefühl weckt: Wenn es ein Verbrechen ist, Nablus zu behalten, dann ist es vielleicht auch ein Verbrechen, Jaffa und Haifa zu behalten. Wenn das der Kern der Angst ist, die Quelle des geheimnisvollen Gefühls des

Schreckens, dann brauchen wir dringend eine Schockbe-handlung, um grundsätzlich zu begreifen, daß es hier nicht um Schuld und Sühne geht, sondern um die Wahl zwischen Leben und Tod. Wir reden nicht über Schuld und Buße, sondern über den Abschluß eines vernünftigen Handels zwischen zwei Parteien, die sich nicht ausstehen können. Jaffa und Haifa zu behalten war und ist kein Verbrechen, und zwar aus vielerlei Gründen, von denen der einfachste schon ausreicht: Ohne Jaffa und Haifa können wir nicht überleben. Nablus und Hebron sind vollkommen verschie-dene Fälle, aus einer Reihe von Gründen, und der einfachste lautet, daß wir, selbst wenn wir sie aufgeben, durchaus sehr gut leben können. Nur ein Blinder sieht nicht, daß wir kaum werden überleben können, wenn wir sie *nicht* aufge-ben. Es ist schon lange an der Zeit, daß wir uns friedlich von beiden Städten trennen, unter Bedingungen, durch die beide daran gehindert werden, uns in Zukunft zu bedro-hen.

Und wenn uns die Palästinenser täuschen? Es wird den israelischen Verteidigungskräften immer leichter fallen, dem winzigen Palästinenserstaat das Rückgrat zu brechen als einem achtjährigen palästinensischen Jungen, der Steine wirft.

Davar, 23. Dezember 1988

Er hebt auf den Dürftigen aus dem Staub und erhöht den Armen aus der Asche*

(1 Samuel 2,8; Psalm 113,7)

Herr Präsident, verehrte Ehrengäste und Freunde,

mit Ihrer Erlaubnis möchte ich heute nicht über Abweichungen von der Norm sprechen, sondern von der Norm selbst; um genauer zu sein: über neue Standards, die sich in zunehmendem Maße ausgebreitet haben. Es ist nicht schwer, eine grobe Abweichung zu brandmarken, jemanden, der ungeheuerlich von der Norm abgewichen ist, zu verurteilen. Man kann den abweichenden Täter so lange bestrafen, wie der Standard selbst human ist.

Eine kurze Geschichte aus den Erzählungen Israels: Lange vor den gegenwärtigen palästinensischen Aufständen steuerte im Oktober 1982 ein Mann namens Nissan Ishgoyev den Müll-Lkw der jüdischen Siedlung Hinanit. Einige Kinder, darunter ein dreizehnjähriger Junge mit Namen Hisham Lofti Maslem, warfen Steine gegen den von dem Mann aus Hinanit gelenkten Müllwagen. Der Fahrer wendete und fuhr zurück. Doch bevor er das tat, stieg er für einen Augenblick aus seinem Lkw aus, zielte ein bißchen mit seiner Maschinenpistole (nicht, um zu drohen, nicht um in die Beine zu schießen, sondern um zu verwunden und zu töten), feuerte – nur ein bißchen – direkt aus der Hüfte und tötete den dreizehnjährigen Hisham – nur ein bißchen. Dann setzte er seinen Weg fort.

Soweit, möchte man meinen, eine Abweichung par excellence. Und jetzt zur Norm. Fünf Jahre sind seitdem vergan-

* Bemerkungen anläßlich der Verleihung der Ehrendoktorwürde des Hebrew Union College, Jüdisches Religionsinstitut, Jerusalem, am 10. März 1988.

gen, die Nissan, unser Mann aus Hinanit, nicht etwa hinter Gittern verbracht hat. Im Februar 1988 verkündet der ehrwürdige Richter Uri Strosman das Urteil über den Scharfschützen aus Hinanit. Zunächst erklärt er den Angeklagten des Totschlags schuldig, ein Vergehen, das nach dem Gesetz eine Gefängnisstrafe von bis zu zwanzig Jahren bedeutet. Aber der Richter verurteilt ihn nur zu einer sechsmonatigen Haftstrafe, die, wie der Richter erklärt, nicht im Gefängnis, sondern in Form von gemeinnütziger Arbeit abzuleisten ist. »Es besteht kein Zweifel«, schreibt Richter Strosman in seiner Urteilsbegründung, aus der ich hier wörtlich zitiere, »daß es verboten ist, Steinewerfer zu erschießen. Es hätte ausgereicht, in die Luft zu schießen, um sie auseinanderzutreiben.« Und noch ein erstaunliches Zitat dieses vernünftigen Richters: »In diesen turbulenten Zeiten sollten Kinder und junge Leute unter elterlicher Aufsicht stehen.« Turbulente Zeiten, allerdings! Eltern, die ihre Kinder nicht beaufsichtigen, sollten sich nicht aufregen, wenn ihre Kinder getötet werden. Und verdient ein Kind, das sich in diesen turbulenten Zeiten den aufpassenden Augen seiner Eltern entzieht, den Tod?

Man hat die Frage bereits gestellt: Hätte der Mann aus Hinanit auch geschossen, um jüdische Steinewerfer in Jerusalem zu töten? Oder ein Nachbarskind, das einen Stein gegen seine Fensterscheibe oder gegen seinen Müllwagen geworfen hätte? Hätte der ehrwürdige Richter auf ein Urteil von sechs Monaten gemeinnütziger Arbeit erkannt, wenn das Opfer des Angeklagten nicht ein arabisches Kind gewesen wäre? Wenn die trauernden Eltern von Hisham bei der Urteilsverkündung des Richters Strosman im Gerichtssaal auf ihn zugelaufen wären und ihm Worte entgegengeschleudert hätten, die wir sonst unglücklicherweise nur vom Spielfeld her kennen, wären sie nicht wegen Mißachtung des Gerichts härter bestraft worden als der Mörder aus Hinanit?

Alles ist eine Frage der Standards. Sie fragen sich vielleicht, warum ich die schmutzige Politik in einen feierlichen Verleihungsakt an dieser angesehenen akademischen Einrichtung hineintrage. Nun gut. Ich tue es, weil es hier nicht um abweichendes Verhalten oder verrückte Randgruppen geht. Es geht hier um grundlegende Werte. Und daher handelt es sich nicht um eine Frage von Politik oder Sicherheit, von Grenzen und Diplomatie. Wir reden über nichts anderes als das Wesen des Judaismus heute, über die Daseinsberechtigung eines jüdischen Staates. Und wenn es, unter anderem, um das Wesen des Judaismus heute und den Sinn eines jüdischen Staates geht, dann ist es nicht nur erlaubt, sondern geradezu geboten, daß wir uns damit befassen, insbesondere hier und insbesondere heute.

Das Gesetz des Hammurabi sieht eine relativ leichte Strafe vor für einen Menschen, der einen alten und abgearbeiteten Sklaven tötet. Eine härtere Strafe droht einem Menschen, der einen Sklaven getötet hat, der jung und bei guter Gesundheit ist. Die Strafe für einen Menschen, der einen Freien getötet hat, ist weitaus schärfer, und die allerdrastischste Strafe ist demjenigen zugedacht, der einen bedeutenden Menschen, etwa einen Richter, ermordet hat. Zu unserer großen Verwunderung haben die Linken, die die Zehn Gebote verfaßt haben, nur vier einfache, eindeutige Worte vorgesehen: »Du sollst nicht töten.« So einfach war das, ohne Einteilungen oder Kategorien. Vielleicht haben sie vergessen hinzuzufügen, in Parenthesen, irgendwo zwischen »Du sollst nicht töten« und »Darfst du töten und dann erben?«: »Einmal Araber, immer Araber.« Vielleicht haben sie vergessen zu betonen, daß die Zehn Gebote nur innerhalb der Grünen Linie Gültigkeit haben, und dann auch nur für einen Juden, der von einer jüdischen Mutter abstammt oder nach der orthodoxen Halacha konvertiert ist, ganz abgesehen von den Linken, die noch schlimmer sind als die Nichtjuden.

Übertreibe ich? Ist meine Furcht vor jenen zu groß, die heute nicht nur den Staat Israel besudeln, nicht nur den Zionismus, sondern den Judaismus selbst? Vor einigen Wochen kam der Heilige Geist plötzlich über Israels obersten Rabbiner Eliyahu, woraufhin er eine eigene normative Erklärung von sich gab und sich dabei mit dem Geist des alten Israel und mit der besten jüdischen Tradition in voller Übereinstimmung befand: »Wir«, sagte der ehrwürdige Rabbi, »haben die Araber aus dem Staub erhoben, und sie«, fügte er betrübt hinzu, »sind noch nicht einmal dankbar.« Dies ist in der Tat ein gewichtiges Rätsel im Judaismus. Wer heutzutage »hebt den Dürftigen aus dem Staub und erhöht den Armen aus der Asche«? Und wer ist undankbar? Stellen Sie sich vor, meine geschätzten Professoren, wie die Erde beben würde, wenn irgendein antisemitischer Kardinal oder Erzbischof in Amerika es wagen sollte zu sagen: »Wir Amerikaner haben diese Juden aus dem Staub erhoben, und leider sind sie nicht dankbar.« Und in einem solchen Fall wäre die Sünde des Erzbischofs noch kleiner als diejenige des ehrwürdigen Rabbi. Die Wahrheit ist doch, daß mittels riesiger Summen amerikanischen Geldes die materielle Lage von Juden und von Arabern in Israel verbessert wurde, wenn auch diese enormen Geldmittel letztlich unsere Moral vielleicht auf den Hund gebracht haben. Aber das ist eine andere Geschichte.

Und was ist von unserem jüdischen Erbe übriggeblieben? Wohin hat man eine der großartigsten Kulturen der Welt hingezerrt? Was hat diese Form des orthodoxen Judaismus uns vom Judaismus übriggelassen? Ein Großteil der Orthodoxie hat das jüdische Erbe auf einige simple Punkte reduziert, wie etwa den wütenden, gewalttätigen Fanatismus hinsichtlich der Heiligung des Sabbath oder das Anzünden von Bushaltestellen und das Steinewerfen am Sabbath oder die erniedrigende öffentliche Vertreibung von Konvertiten, an deren Bekehrungsprozedur man irgend etwas auszusetzen hatte. Oder die Wahrung des »Größeren Landes Israel« innerhalb der Grenzen von 1967, wie sie ja auch einen wilden Haß auf Nichtjuden im allgemeinen und Araber im besonderen pflegen; wie sie ja auch diejenigen Juden hassen, die der Ansicht sind, eine weitere Besetzung neuer Gebiete werde uns ins Unglück stürzen. Wer weiß, ob nicht ein orthodoxes jüdisches Kind, das heute in gewissen Teilen Israels aufwächst, in dem Glauben erzogen wird, zu den Zehn Geboten gehöre auch »Du sollst kein Mitleid haben«, »Du sollst keine Zugeständnisse machen« und »Du sollst nicht verhandeln«. Es soll keine Autonomie geben, keine internationale Friedenskonferenz, keinen Kompromiß. Einmal Araber, immer Araber. Der einzig gute Araber ist ein deportierter Araber. Und zum Teufel mit den Nichtjuden. Und wer weiß, wenn heute jemand zu Hillel dem Älteren käme und fragte, was das Wesen der Torah sei, bekäme er, wie Professor Aviezar Ravitzky ironisch sagte, zur Antwort, daß man die gesamte Torah in den schönen Worten findet: »Du sollst sie unterdrücken und umsiedeln.«

Ich weiß es nicht. Manche sagen, dies seien die Geburtswehen des Friedensprozesses. Vielleicht. Es wäre ein sentimentaler Fehler, würde man erwarten, daß der Friede mit einer Prozession arabischer Schulkinder aus Ramallah beginnt, die den jüdischen Kindern des Kibbuz Kiriat Anavim Blumen bringen oder umgekehrt. Vielleicht sind wir Zeugen der letzten Zuckungen des israelisch-palästinensischen Kriegs und des israelisch-arabischen Konflikts. Vielleicht. Aber wenn das wirklich der Fall ist, dann werden wir mit einem ungeheuren Monument an die Blindheit, die Dummheit und die Narrheit uns dieses Friedens erinnern müssen. Weil Israel letzten Endes erhalten wird, was es vielleicht sogar zu besseren Konditionen bereits vor zehn oder sogar vor einundzwanzig Jahren hätte haben können. Und am Ende werden die Palästinenser nur einen Bruchteil dessen bekommen, was sie friedlich und ehrenhaft schon im Jahre 1947 hätten haben können, wenn sie nur nicht so fanatisch und feindlich gewesen wären. Einzig die Toten werden nichts erhalten. Außer Kränzen. Vielleicht werden die Toten am Tag des Friedensschlusses uns allen ins Gesicht spucken, von Bagdad bis Khartum, Kibbuz Beit Alpha bis zur West-Bank-Siedlung Karnei-Shomron.

Nun gut. Man muß vereinfachte Gleichsetzungen meiden wie die Pest. Auf die Frage, wer die hauptsächliche Verantwortung für diese Tragödie trägt, antworte ich ohne Zögern: Die größte historische Verantwortung liegt bei der palästinensischen Nationalbewegung und ihren Anhängern in den arabischen Ländern und der übrigen Welt. Die palästinensische Nationalbewegung ist meiner Meinung nach eine der gefühllosesten, niederträchtigsten und fanatischsten Bewegungen dieses Jahrhunderts. Es fällt mir manchmal schwer zu verstehen, warum derart viele anständige Menschen im gemäßigten Lager Israels fähig sind, sich voller Freude einem palästinensischen Kahane an den Hals zu werfen oder einem Schiff voller palästinensischer Kahanisten einen überschäumenden Empfang zu bereiten, obwohl sie doch zu recht den jüdischen Kahanismus ablehnen. Die Ziele und Methoden der Palästinenserbewegung sind identisch mit denen von Meir Kahane: die Zerstörung einer Nation und die Vertreibung eines Volkes. Wenn nicht Schlimmeres. Es ist doch die Nationalbewegung, die fünfundsechzig Jahre lang uns, Juden wie Araber, in Blut und Schlamm gedrängt hat. Wir können nur hoffen, daß wir uns jetzt nicht damit angesteckt haben.

Die Frage lautet jedoch nicht, wer angefangen hat und wer daran schuld ist. Und es geht auch nicht um den Vorwurf: »Schaut euch doch an, wer uns Moral lehren will!« Das Problem liegt nicht darin, wie wir moralisch im Vergleich mit vielen Menschen und Nationen dastehen, die Israel Moral lehren. Es geht hauptsächlich um die grundlegende und alles beherrschende Frage: Wie sollen wir überleben? Wie bewahren wir Israel vor der Gefahr physischer Vernichtung und zugleich vor jener der moralischen und geistigen Auflösung? Wie können wir überleben? Wenn wir zum Kompromiß fähig sind, werden wir überleben, wenn wir uns aber wie Fanatiker verhalten, werden wir umkommen. Alles übrige sind Erläuterungen. Nun lernt eure Lektion.

Nein, ich habe es nicht vergessen: Wir sind heute zusammengekommen wegen eines Festaktes im Reich des Intellekts. Hier ist nicht der Ort, um über Politik zu reden. Aber ich rede nicht über Politik. Das eigentliche Thema, das die Nation heute spaltet, ist längst nicht mehr der Streit über Gebiete, politische Parteien, Sicherheit, uralte Rechte und Grenzen. Hier geht es um das Wesen des Judaismus und um unser Menschenbild. Die Frage ist nicht, ob diese Palästinenser wirklich ein Volk sind oder vielleicht nur ein Mischmasch von Arbeitern, Holzfällern und Brunnenarbeitern tagsüber und von Terroristen und Mördern in der Nacht. Die Frage lautet nicht: Wer sind die Palästinenser?, sondern: Wer sind wir? Sind wir denn wirklich soweit heruntergekommen, daß wir uns mit selbstgerechtem Gejammer an eine scheinheilige Welt wenden und uns darüber beklagen, daß diese scheinheilige Welt es zuläßt, daß Assad nach Belieben morden kann, Breschnew seine Nachbarn unterdrükken, Ghaddafi herumtoben darf, und das alles ohne ein Wort an diese Burschen – daß die Welt aber uns anschreit, zurechtweist und uns nicht das Recht auf ein wenig eigene Rücksichtslosigkeit in Frieden und Ruhe läßt; uns darüber beklagen, daß man nicht bedenkt, daß wir Juden bemitleidenswerte Waisen sind, pogromgeprüft und Überlebende der Konzentrationslager. Dürfen so unglückliche Menschen wie wir nicht manchmal unsere Muskeln spielen lassen wie die Großen? Kurzum, sage mir, zu wem du schaust, um dich moralisch zu entlasten, und ich sage dir, wer du bist, wer wir sind.

Sehen Sie, auch hier versetzt uns die hebräische Literatur einen Dolchstoß und ist den Feinden Israels Hilfe und Freude. Es tut mir leid, aber es ist so. Es fing an mit einem Linken, den man als den Propheten Nathan kennt, der den Namen des Königs David beschmutzte und ihn in all seiner Häßlichkeit darstellte, ohne zu bedenken, daß der schändliche Vorfall mit Uria dem Hetiter von allen Fernsehsendern ausgestrahlt, in jedes Wohnzimmer übertragen und Antisemiten Grund zum Jubeln sein würde. Und diese Tradition setzte sich fort mit dem wohlbekannten Defätisten Elia und der skandalösen Geschichte um Nabots Weinberg. Auf ihn folgten alle möglichen publicitysüchtigen Propheten mit ihrem Selbsthaß. Und in ihre Fußstapfen sind alle möglichen Übeltäter unserer Zeit getreten, um Israel zu plagen: der Dichter Chaim Nachman Bialik, die Schriftsteller Mendele Mocher Seforim und Y. H. Brenner und jüngere Schriftsteller. Solche Typen hat es in jeder Generation gegeben. Und doch halten sie die Flamme am Brennen; sie haben den Geist des Judaismus bewahrt, und nicht diejenigen, die sie in jeder Generation mit Steinen beworfen haben.

Vielleicht muß man an dieser Stelle fragen, aus welcher Quelle diese zeitgenössischen Schriftsteller und Dichter ihre Autorität beziehen. Sie haben keine Stimme von oben gehört, und sie sind keine Propheten. Warum haben sie in den vergangenen ein- oder zweihundert Jahren so engstirnig Kisten bestiegen und zur Menge gepredigt? Wer hat sie zu Wachhunden des Hauses Israel ernannt, die auf den Kreuzungen stehen und sich das Recht herausnehmen, den Verkehr zu leiten oder ihn sogar anzuhalten? Was verstehen denn, wenn überhaupt, Schriftsteller besser als Schuhmacher, Glaser, Bäcker, Ärzte oder selbst Politiker auf ihrem Gebiet? Tatsächlich können Schriftsteller in zweifacher Hinsicht ein gewisses Maß an Fachwissen vorweisen. Das eine ist die Sprache. Im Gegensatz zu der sentimentalen, romantischen Klischeevorstellung gehen Dichter mit der Sprache nicht um wie ein Liebhaber mit einem Blumenstrauß. Sie behandeln Worte wie ein Bakteriologe Bakterien. Aufgrund ihrer Arbeit und des intimen, mikroskopischen Umgangs mit Sprache und ihrer Bedeutungen sind sie manchmal in der Lage, vor anderen eine Krankheit oder eine drohende Epidemie zu erkennen. Hier ein kleines Beispiel, wenn Sie wollen, nicht aus den Gebieten oder aus dem Reich der Abweichungen und Normen. Seit einigen Jahren können wir im Umgangshebräisch hören, daß das Liebesleben eines israelischen männlichen Erwachsenen etwa folgendermaßen verläuft: Er trifft auf eine Granate, versetzt sie in Bereitschaft und hebt sie auf einen Geschoßträger. Es sei denn, er wird dabei von einem Torpedo getroffen.

Wenn sich die Liebe einer derartigen Sprache bedient, so ist das ein Zeichen dafür, daß das Gewaltvirus bereits in das innerste Gewebe unserer Existenz eingedrungen ist; daß der Krieg unsere Betten im Sturm erobert hat. Wer von seinem geliebten Partner in einer derartigen Sprache denkt und spricht, ... Nun, ich will diesen Satz vielleicht lieber unbeendet lassen. Ich möchte betonen, daß ich nicht über die Sprachkorruption rede, sondern über Blindheit. Unsere Sprache und mit ihr unsere Welt sind von dickem Rauch vernebelt.

Zum anderen versteht ein Schriftsteller oder Dichter mehr als viele andere Menschen von der menschlichen Existenz. Wir Schriftsteller, jedenfalls viele von uns, stehen morgens auf und fangen nach einer Tasse Kaffee an, in die Schuhe anderer Menschen zu schlüpfen. Oder unter ihre Haut. Eine grundlegende Berufsregel ist die Notwendigkeit, sich selbst die Frage zu stellen: Was wäre, wenn ich nicht ich wäre? Angenommen, ich wäre er? Oder sie? Oder mein Nachbar? Oder irgend jemand anderer, meine Frau oder mein Feind? In dieser Hinsicht ist der Schriftsteller einem Geheimagenten nicht unähnlich. Vielleicht aufgrund ihrer Angewohnheit, in die Schuhe oder unter die Haut anderer Menschen zu schlüpfen, betrachten viele der besten Dichter und Schriftsteller den israelisch-palästinensischen Krieg nicht als einen billigen Western, worin die zivilisierten Guten gegen die wilden, blutgierigen Eingeborenen kämpfen, sondern als eine griechische Tragödie: Recht gegen Recht, wenn auch, wie ich gesagt habe, Recht gegen Recht meiner Ansicht nach nicht bedeutet, daß die Bürde der Schuld gleichmäßig verteilt ist. Die Schuld liegt zum größten Teil bei der palästinensischen Nationalbewegung. Gleichwohl kann sogar die schuldigere Seite ein Opfer der Tragödie sein. Es gibt nicht – und zwar bereits seit einiger Zeit – zwei getrennte Tragödien, eine israelische und eine palästinensische, sondern eine, an der wir alle beteiligt sind. Entweder werden wir durch einen schmerzlichen, aber intelligenten Kompromiß gemeinsam daraus hervorgehen oder wir werden gemeinsam darin untergehen. Wir und sie sind durch Tausende von Fäden aneinander gebunden, wie ein Gefangener und sein Wärter aneinander gekettet. Es zeigen sich bereits Spuren großer Nähe in den feindlichen Beziehungen zwischen uns und ihnen einschließlich einiger Ähnlichkeiten, die sonderbar und bedrückend und manchmal auch beinahe zum Lachen sind.

Kehren wir einen Augenblick zu dem Bibelvers zurück, den der oberste Rabbiner Eliyahu zitiert hat: »Er hebt auf den Dürftigen aus dem Staub und erhöht den Armen aus der Asche.« Für den ehrwürdigen Rabbi Eliyahu sind die Israelis, man kann es nicht glauben, zu Geheiligten geworden, gesegnet durch Ihn, der die armen, undankbaren Araber aus der Asche erhöht hat. Aber ich will Ihnen sagen, daß wir vor einem Friedensschluß und besonders danach unsere eigene Humanität aus der Asche erhöhen müssen. Wir müssen den Judaismus und den Zionismus aus der Asche erhöhen, denn beide sind beinahe schon Opfer derer, die den Judaismus und den Zionismus entstellt haben.

Ich bitte um Verzeihung, daß ich an dieser Stelle heute nicht von Schönheit und Licht gesprochen habe.

Nachbemerkung: Der Staatsanwalt legte beim Obersten Gerichtshof Israels Berufung ein gegen das nachsichtige Urteil, das Richter Uri Strosman im Fall Nissan Isch-Gojev gefällt hatte. Der Oberste Gerichtshof akzeptierte die Argumente des Staatsanwalts. Am 30. Juni 1988 wurde Nissan Isch-Gojev zu einer dreijährigen Gefängnisstrafe und zu weiteren zwei Jahren auf Bewährung verurteilt.

Die Hisbollah mit einem Käppchen

Frühmorgens an einem Freitag, dem 25. Februar 1994, stürmte ein jüdischer Siedler aus Hebron in die Ibrahim-Moschee und tötete Dutzende von Arabern beim Gebet.

Der Mörder, ein bekannter Anhänger von Rabbi Meir Kahane, hatte seine Munition vom israelischen Staat erhalten, der eine Reihe von Kahane-Anhängern mit Waffen ausgerüstet hat. Nach dem Massaker wurde eine Ausgangssperre über Hebron verhängt. Wie der militärische Bezirkskommandeur erklärte, herrschte in Kiriat Arba, dem jüdischen Stadtteil von Hebron, keine Ausgangssperre, »da keine entsprechenden Anweisungen gegeben worden seien«. Erst gegen Abend kam die Regierung auf den Gedanken, die Ausgangssperre zu erweitern. Das hinderte einige jüdische Siedler nicht daran, im Fernsehen aufzutreten und die Morde mit einer schrecklichen Scheinheiligkeit zu preisen, die einem Skinhead gut zu Gesicht gestanden hätte.

Am 17. September 1948 wurde Graf Folke Bernadotte in Jerusalem von Mitgliedern einer unbekannten bewaffneten jüdischen Gruppe ermordet, die sich »Nationale Front« nannte. Obwohl dieses Verbrechen beträchtlich weniger schlimm war als die Freitagsmorde, zögerte David Ben-Gurion keinen Augenblick: Innerhalb von zwei Tagen erließ die vorläufige Regierung Israels Verfügungen, die nicht nur für aktive Terroristen, sondern für sämtliche Mitglieder terroristischer Organisationen schwere Strafen vorsahen. Lehi und die Nationale Front wurden verboten. Mitten in diesen schwierigen Kriegstagen zog David Ben-Gurion eine große Zahl von Truppen ab, um den jüdischen Terror niederzuschlagen. Etwa 200 Personen wurden sofort festgenommen. In verschiedenen Teilen des Landes wurden

Durchsuchungen durchgeführt. Die Führer des Lehi wurden festgenommen und vor Gericht gestellt.

Die Regierung Israels sollte alle Anhänger Kahanes augenblicklich ächten, dafür Sorge tragen, daß bekannte Wortführer verhaftet und vor Gericht gestellt werden, Hausdurchsuchungen in Kiriyat Arba und anderen möglichen terroristischen Zentren anordnen und darüber beraten, daß als Folge des Massakers in die friedenssichernden Kräfte, die die Unruhegebiete außerhalb Gazas und des Bezirks Jericho bewachen, bewaffnete palästinensische Polizeikräfte eingegliedert werden.

Ich weiß nicht, ob der Mörder von irgend jemandem Unterstützung erhalten hat. Schon lange sind uns allerdings die Anstifter bekannt – es sind dieselben Wortführer, die im Gegensatz zu den islamischen fundamentalistischen Agitatoren nicht deportiert worden sind, und man wird auch sie nicht deportieren und ihre Häuser zerstören oder versiegeln. Ich sehe aber keinen Unterschied zwischen diesem jüdischen Mörder und diesen jüdischen Anstiftern einerseits und den Hamas- bzw. islamischen Djihad-Mördern und Anstiftern andererseits. Sie setzen alles daran, daß der israelisch-arabische Krieg nicht durch einen Kompromiß beendet wird; mit allen ihnen zur Verfügung stehenden Mitteln versuchen sie, den Krieg zu einem religiösen Krieg zwischen Judaismus und Islam, zwischen Adonai und Allah zu verwandeln, bis zum letzten Blutstropfen.

Dieser Mörder und seine Anstifter haben genau das getan, was die Hamas und der islamische Djihad erhofft haben. Hamas-Mörder und -Anstifter tun genau das, was die Eiferer auf jüdischer Seite erwarten. Es handelt sich um ein Spiegelbild der Osloer Vereinbarungen – bei Einbruch der Nacht haben beide Seiten keine Schwierigkeiten, sich darauf zu verständigen, die Friedensregelungen in Blut und Rache zu ertränken.

Dutzende von Familien in Hebron werden ihren Vater, ihren Bruder oder ihren Sohn nie mehr wiedersehen. Kleine Kinder werden zu hören bekommen, daß die Getöteten aus Rache für den Mord an anderen Getöteten ermordet wurden, die ihrerseits wiederum getötet wurden als Vergeltung für einen Mord, der aus Rache für einen Mord geschah. Vielleicht wird man ihnen auch sagen, daß es geschah, um sicher zu gehen, daß niemals Frieden herrschen wird, denn der Frieden ist schlimmer als der Tod. Es sei denn, daß Menschen beider Nationen aufstehen und das Leben wählen und sich dafür einsetzen, daß ihre feste Absicht auch in die Tat umgesetzt wird.

Im israelischen Rundfunk waren unterschiedliche Reaktionen zu hören. Der Premierminister und Politiker einschließlich der Führer der Rechten im Lande gaben allen möglichen Formen von Entrüstung und Wut über den Mord Ausdruck. Aharon Domb, der Sprecher der Siedler, lobte zwar nicht gerade die »schwerwiegende Tat«, zeigte aber Verständnis für ihre Motive. Oberrabbiner Israel Lau nannte das »Blutvergießen« verwerflich, umging aber das Wort »Mord«, vielleicht weil es sich bei den Ermordeten nicht um Juden handelte. Schockiert waren unter anderen nach meiner Zählung fünf oder sechs gläubige Juden, die allesamt das »Ereignis« verurteilten, wobei einige sogar sehr deutliche Worte fanden, aber keiner sah sich genötigt, den Mord »Mord« zu nennen.

Es fällt daher schwer, die folgende Frage nicht zu stellen, die weder eine israelisch-palästinensische noch eine Tauben-Falken-Frage ist, sondern eine Frage der Moral unter Juden und anderen Juden. Als damals die Prozesse gegen die Mitglieder des jüdischen Untergrunds stattfanden, von denen einige wegen Mord verurteilt wurden, gab es viele gläubige Juden, die um Gnade baten für »jene anständigen Kerle, die das Recht selbst in die Hand genommen hatten«. Warum waren denn der Oberrabbi und andere gläubige Juden bereit, auch diesmal den Ausdruck »Blutvergießen« zu verwenden, anstatt den Mord einen »Mord« und den Mörder einen »Mörder« zu nennen? Was ist denn der angemessene Ausdruck für das Purim-Massaker in Hebron? Schütte aber deinen Zorn aus über die Heiden? Eine rücksichtslose Handlung eines geliebten Sohnes? Ein Vorfall? Gilt das Gebot »Du sollst nicht töten« nur dann, wenn das Opfer eine jüdische Mutter hat oder vor einem orthodoxen Rabbi zum Judentum übertrat?

Die Antworten hierauf entscheiden weder die Zukunft unserer Region noch die Aussicht auf Frieden und die Zukunft der Gebiete. Auch nicht die Bedeutung des Wortes »Mord« oder »Mörder«. Bestenfalls können diese Fragen dazu beitragen, ein für allemal festzustellen, wer ein Jude ist. Und wer nichts anderes ist als die Hisbollah mit einem Käppchen.

Observer, 27. Februar 1994

Die Minenfelder des Herzens räumen

»Die Forderung (der Palästinenser) nach Selbstbestimmung ist legitim. Man kann ihre Verwirklichung aus Gründen der israelischen Sicherheit aufschieben, aber man kann ihre prinzipielle Berechtigung nicht in Abrede stellen.

Wo Recht mit Recht zusammenprallt, kann man das Problem entweder durch Gewalt lösen oder durch einen unvollkommenen Kompromiß, den keine der beiden Seiten als gerecht ansehen wird. ... Ein (derartiger) Kompromiß (ist) nur zwischen einem inkonsequenten Palästinenser und einem inkonsequenten Zionisten (...) möglich. Das Recht haben natürlich in seinem vollen Maße auf ihrer Seite jene, die ins Feld führen, daß es im Prinzip keinen Unterschied gibt zwischen Ramleh in Israel und Ramallah auf der West-Bank, zwischen Gaza und Beerscheba. (...) Genau das behaupten der konsequente Zionist und der konsequente Palästinenser ... Beide beanspruchen alles jeweils für sich.

Unter Individuen und unter Nationen ergibt sich manchmal die Situation, daß eine instabile Koexistenz nur dank einer gewissen Inkonsequenz möglich ist. Die Helden der Tragödie, die sich in Gerechtigkeit und Reinheit verzehren, zerstören und vernichten einander durch die Macht der Konsequenz ...«

Ich habe diese Sätze vor 26 Jahren geschrieben, kurz nach dem richtigen, tragischen Sieg Israels im Sechstagekrieg von 1967.* Sie sind wohl immer noch eine zutreffende Zusammenfassung der Position der israelischen Friedensbewegung. Auf dieser Sternfahrt unserer Bewegung heute abend hier in Tel Aviv hat es den Anschein, als ob diese Position endlich den israelisch-palästinensischen Konflikt bestim-

* Siehe in diesem Band S. 28.

men würde. Wir wollen aber nicht vergessen, daß wir noch lange nicht am Ende des Stücks angelangt sind. Dies ist bestenfalls das Ende des Prologs.

Unsere gemäßigten pragmatischen Prinzipien werden allmählich von der israelischen Regierung und der Führung der PLO übernommen, aber um uns herum herrschen immer noch Haß und Argwohn. Jetzt ist nicht die Zeit zu feiern, sondern die Zeit, sich noch mehr anzustrengen und Verantwortung zu zeigen. Es ist schon schwierig, die Politik der Führer zu ändern, aber noch schwieriger ist es, das Herz und die Denkweise der Menschen zu ändern, die viele Jahrzehnte lang von Haß und Furcht beherrscht wurden. Von heute an müssen wir uns umstellen: Wir sind keine Propheten des Untergangs und keine Protestbewegung mehr; und deshalb müssen wir jetzt zu Pionieren werden, die nach Kriegsende die Minenfelder zu räumen haben.

Diese Aufgabe, die emotionalen Minenfelder zwischen Israelis und Palästinensern zu räumen, kann jedoch nur dann erfolgreich sein, wenn zusammen mit uns eine palästinensische Friedensbewegung entsteht und sich parallel zu unseren Bemühungen daranmacht, die explosive Wut und Verbitterung in ihrem eigenen Volk zu neutralisieren.

Ihre und unsere Straßen sind von den häßlichen Stimmen kompromißloser Fanatiker erfüllt. Unter den Palästinensern erhebt sich wie unter uns ein hysterischer Protest gegen diesen »Verrat«. Auf beiden Seiten hören wir dunkle Androhungen, diesen neuen Frieden zu ersticken, bevor er auch nur die Chance gehabt hat, auf eigenen Füßen zu stehen. Wir wollen jene israelischen Aufrührer, die diesen im Entstehen begriffenen Frieden zerstören wollen, indem sie das Gesetz selbst in die Hand nehmen, warnen, daß wir für diesen Frieden mit derselben Entschlossenheit kämpfen werden, mit der wir in der Vergangenheit ohne Zögern für unser eigenes Leben auf dem Schlachtfeld gekämpft haben. Das

Gegenteil von Frieden ist nicht, wie jene behaupten, »eine Liebe zum Lande Israel«; es ist eine Fortsetzung von Tod und Zerstörung. Wir sollten uns daran erinnern, daß es palästinensische Demagogen und Anstifter waren, die ihrem Volk Jahrzehnte an Leiden, Entbehrung und Exil gebracht haben. Israelische Demagogen und Anstifter haben immer versucht, jegliche Kompromißvereinbarung zwischen uns und den Arabern zunichte zu machen. Das haben sie am Vorabend der Friedensvereinbarung mit Ägypten getan und das haben sie 1947/48 getan, als Israel auf der Grundlage unserer ursprünglichen Zustimmung zur Teilung des Landes zwischen uns und den Palästinensern gegründet wurde. Glücklicherweise sind unsere Fanatiker in beinahe jeder Stunde der Wahrheit unterlegen, und die Idee eines fairen, realistischen Kompromisses hat gesiegt. Das wird auch diesmal so sein.

Wir dürfen jedoch nicht vergessen, daß wir hier in Israel mit dem Widerstand nicht allein der Demagogen und Anstifter konfrontiert sind. Es gibt eine ganze Menge guter Israelis, die der Ansicht sind, diese Vereinbarung bedeute für sie beinahe das Ende der Welt. Viele Menschen in diesem Land sind tief davon überzeugt, diese Vereinbarung sei nicht mehr als ein gewisser Trick, ein Zugeständnis an den Gegner, einen Brückenkopf zu unserer Zerstörung zu bauen, ein riskantes Spiel mit unserer künftigen Sicherheit. Es ist nicht unsere Aufgabe, diese Israelis zu widerlegen oder ihre Ansichten lächerlich zu machen. Auch wir teilen einige ihrer Ängste und Zweifel. Wir müssen jetzt alles Menschenmögliche unternehmen, um sie davon zu überzeugen, daß wir nicht von der Idee »Frieden um jeden Preis« berauscht sind, daß die jetzige Vereinbarung vorsichtig und wohlbedacht ist und unsere nationale Sicherheit selbst im Falle, daß unser palästinensischer Partner den Frieden nicht wahrt, gewährleistet. Und wir müssen sie schließlich davon überzeugen, daß das Risiko, das wir eingehen, begrenzt ist verglichen mit dem Schrecken, dem wir ausgesetzt wären, wenn wir diesen Anfang einer Regelung nicht schaffen. Die Friedensbewegung muß jetzt jede Form von leeren Protesten vermeiden, und sie darf sich nicht dazu hinreißen lassen, der Regierung jedesmal noch weitere Zugeständnisse abzufordern, wenn die Verhandlungen in eine schwierige Phase geraten. Wir wollen nicht vergessen, daß wir von heute an keine Protestbewegung mehr sind. Wir müssen jetzt die volle Verantwortung dafür tragen, daß diese Nation endlich den Weg eingeschlagen hat, den wir schon lange Zeit gewiesen haben. Die Friedensbewegung sollte sich auf ihre neue Aufgabe konzentrieren, nämlich einen intensiven öffentlichen Dialog mit jenen Israelis zu führen, die die neuen Verhältnisse nicht akzeptieren wollen. Eine Versöhnung zwischen uns und den Palästinensern wird nur dann zustande kommen können, wenn es uns gelingt, gleichzeitig einen Prozeß emotionaler Beruhigung im israelischen Volk in Gang zu setzen. Jetzt gilt es zu beweisen, daß die israelische Friedensbewegung auch eine Bewegung für den heimischen Frieden innerhalb Israels werden will und werden kann. Nicht auf Kosten unserer eigenen Prinzipien und Ideen, aber vielleicht auf Kosten unseres Drängens, mit allem abzurechnen, was wir so viele Jahre lang von ihnen hinzunehmen hatten.

Haß und Liebe stehen zwischen Israelis und Palästinensern. Der Haß ist das Ergebnis langjährigen unnachgiebigen Kampfes – eines Kampfes, der wiederum von der Liebe herrührte, durch die jene wie wir an dieselbe Heimat gebunden sind. Nichts auf der Welt kann die Liebe auslöschen, die zwei Nationen für ihre gemeinsame Heimat hegen. Beide Völker haben durch Opfer wie durch Gedenken und Anhänglichkeit diese Liebe unter Beweis gestellt. Dies ist womöglich die Morgenröte einer neuen Ära, wenn unsere und ihre Liebe zur Heimat nicht mehr dazu führt, einander zu hassen.

Zwei starrsinnige Völker, zwei Völker mit großer Erfahrung an Leid und Verfolgung, zwei Völker, die durch generationenlangen Kampf gegeneinander gezeigt haben, daß sie zu Entschlossenheit und Hingabe fähig sind – jetzt haben beide endlich die Chance, diese Tugenden zum Bau ihres »Doppelhauses« zu nutzen.

Selbst ein langer und erbitterter Konflikt kann zuweilen eine Art tiefe heimliche Intimität zwischen den Gegnern schaffen. Diese Intimität sollte von jetzt an zum Wiederaufbau und zur Wiederherstellung genutzt werden. Vor uns liegt natürlich noch ein weiter Weg voller Wut und Enttäuschung, aber man kann endlich die ersten zögernden Hoffnungsschimmer erkennen. Diese Hoffnungsschimmer sieht man an diesem wunderschönen Abend in vielen Fenstern in Ramallah und Netanya, in Dschenine und in Afula, in Dörfern und Flüchtlingslagern. Es sind neue Lichter, die noch vor Überraschung blinzeln wie die Augen eines Menschen, der nach sehr langer Dunkelheit plötzlich ins Helle getreten ist. So wollen wir und so sollen die Palästinenser diese Lichter stärken und sie hüten und verteidigen.

Soll denn das Schwert ohne Ende fressen? Und der Tod kann hinfort nicht herrschen.

Rede, gehalten auf der »Frieden-jetzt«-Sternfahrt
am 4. September 1993 in Tel Aviv

Drucknachweise

Vorwort. Entnommen aus: Amos Oz, *Israel, Palestine and Peace*, London 1987, S. ix-xii.

Die Bedeutung der Heimat. Zuerst erschienen auf englisch: *Meaning of Homeland*, in: *New Outlook*, Oktober 1967, S. 9-20.

Hebräische Melodien. Übersetzt nach: *Hebrew Melodies*, in: Amos Oz, *The Slopes of Lebanon*, San Diego und New York 1989, S. 1-24.

Eine Belagerung in der Belagerung. Übersetzt nach: *A Siege within a Siege*, in: Amos Oz, *The Slopes of Lebanon*, S. 50-54.

Die Macht und der Zweck. Übersetzt nach: *The Power and the Purpose*, in: Amos Oz, *The Slopes of Lebanon*, S. 69-80.

Mohammad, Gideon und die Duschen. Übersetzt nach: *Mohammad, Gideon and the Showers*, in: Amos Oz, *The Slopes of Lebanon*, S. 83-88.

Über die Abstufungen des Bösen. Übersetzt nach: *On Degrees of Evil*, in: Amos Oz, *The Slopes of Lebanon*, S. 110-112.

Der Ursprung von Autorität. Übersetzt nach: *The Source of Authority*, in: Amos Oz, *The Slopes of Lebanon*, S. 115-119.

Amalek-Woche. Übersetzt nach: *Amalek Week*, in: Amos Oz, *The Slopes of Lebanon*, S. 120-125.

Der Graben existiert. Übersetzt nach: *The Rift Is an Accomplished Fact*, in: Amos Oz, *The Slopes of Lebanon*, S. 126-128.

Zwischen Mensch und Mitmensch. Übersetzt nach: *Between Man and Fellow Man*, in: Amos Oz, *The Slopes of Lebanon*, S. 131-136.

Die starken Nerven der Gottheit und der Humor der Deutschen. Übersetzt nach: *Strong Nerves of Divinity and True German Irony*, in: Amos Oz, *The Slopes of Lebanon*, S. 137-146.

Sie sind wirklich nach Gottes Ebenbild geschaffen. Übersetzt nach: *They Were Definitely Created in God's Image*, in: Amos Oz, *The Slopes of Lebanon*, S. 147-156.

Zwischen Wort und Bild. Übersetzt nach: *Between Word and Picture*, in: Amos Oz, *The Slopes of Lebanon*, S. 157-166.

Die Moral und das Joch der Schuld. Übersetzt nach: *The Moral and the Yoke of Guilt*, in: Amos Oz, *The Slopes of Lebanon*, S. 167-173.

Ein neues Herz. Übersetzt nach: *A New Heart*, in: Amos Oz, *The Slopes of Lebanon*, S. 195-205.

Von Visionen und Visionären. Übersetzt nach: *Of Dreams and Dreamers*, in: Amos Oz, *The Slopes of Lebanon*, S. 209-211.

Der Staat Israel oder das Land Israel. Übersetzt nach: *The State of Israel versus the Land of Israel*, in: Amos Oz, *The Slopes of Lebanon*, S. 212-218.

Macht Frieden, nicht Liebe. Übersetzt nach: *Make Peace, Not Love*, in: Amos Oz, *The Slopes of Lebanon*, S. 219-227.

Der Kern der Angst. Übersetzt nach: *The Heart of the Fear*, in: Amos Oz, *The Slopes of Lebanon*, S. 228-230.

Er hebt auf den Dürftigen aus dem Staub und erhöht den Armen aus der Asche. Übersetzt nach: *He Raises the Weak from the Dust and Lifts the Poor Out of the Dirt*, in: Amos Oz, *The Slopes of Lebanon*, S. 231-240.

Die Hisbollah mit einem Käppchen. Übersetzt nach: *Hizbollah in a Skullcap*, in: Amos Oz, *Israel, Palestine and Peace*, S. 121-124.

Die Minenfelder des Herzens räumen. Übersetzt nach: *Clearing the Minefields of the Heart*, in: Amos Oz, *Israel, Palestine and Peace*, S. 125-129.